5급 기본서

일—사寫
천千리里

상공회의소
**한자
시험**
5급 기본서

1판 1쇄 발행 | 2020년 04월 22일

펴낸이 | 이석형
펴낸곳 | 새희망
편집디자인 | 디자인감7
내용문의 | stonebrother@daum.net
등록 | 등록번호 제 2016-000004
주소 | 경기도 의정부시 송현로 82번길 49
전화 | 02-923-6718
팩스 | 02-923-6719

ISBN | 979-11-88069-14-9 13710

가격 | 9,500원

ⓒ 새희망출판사

머리말

우리말의 70%가 한자어로 되어 있다는 말을 많이 들어봤을 것입니다. 그래서 한자에 대한 기본적인 지식이 없을 경우, 우리말의 적절한 사용에 어려움을 느끼게 됩니다. 특히 공식 용어나 전문 용어의 경우, 대부분이 한자어로 되어 있어, 한자에 대한 지식이 부족한 분은 관공서나 직장의 업무 수행에 많은 불편함을 느끼고 있습니다. 그런 이유로 요즘 여러 기업체에서는 신입 사원에 대한 한자 실력을 중요한 판단 기준으로 생각할 뿐만 아니라, 직원들에 대한 한자 사용 능력을 향상시키기 위한 많은 노력을 기울이고 있습니다.

상공회의소는 이러한 배경에서 만들어진 상공회의소 한자 시험의 취지를 중국, 대만, 일본 등 한자 문화권 국가와의 수출 및 투자가 증가함에 따라 이에 필요한 기업 업무 및 일상 생활에 사용 가능한 한자의 이해 및 구사 능력을 평가하는 시험이라고 밝히고 있습니다.

이 책은 상공회의소 한자시험 5급에 대비하기 위하여 5급~9급 배정한자 600자를 쓰면서 외울 수 있도록 구성하였으며, 각 한자에 대한 훈·음, 부수, 획수, 육서(한자의 짜임), 필순을 명기하고 60자마다 연습문제를 삽입하여 앞에서 배운 것을 복습할 수 있도록 하였습니다. 그리고 앞에는 기초 이론 학습과 뒤에는 출제 유형별 정리와 모의고사문제를 실어, 이 책 한권으로도 5급 시험에 완벽하게 대비할 수 있도록 하였습니다.

독자 여러분이 이 책으로 좋은 결과를 얻으시길 기원합니다. 화이팅!

편저자 씀

자격 종목 안내

1. 시행 기관 : 대한상공회의소(www.korcham.net)
2. 응시 자격 : 제한 없음

대한상공회의소 자격평가사업단(http://license.korcham.net): 종목소개⇨외국어/한자⇨상공회의소 한자

검정기준

5급 초등학교 수준의 일상적인 한자어가 사용된 국한혼용의 글이나 책을 어느 정도 읽고 이해할 수 있는 한자 능력 수준. 고려대학교 한자한문연구소가 선정한 초등학교 교육용 기초한자 600자를 이해하고 국어 생활에서 활용할 수 있다.

구분	검정기준
3급	고등학교 수준의 일상적인 한자어가 사용된 국한혼용의 신문이나 잡지, 서류, 서적 등을 어느 정도 읽고 이해할 수 있는 한자 능력 수준. 교육부가 제정한 중·고등학교 한문교육용 기초한자 1,800자를 이해하고 국어 생활에서 활용할 수 있다.
4급	중학교 수준의 일상적인 한자어가 사용된 국한혼용의 글이나 책을 어느 정도 읽고 이해할 수 있는 중하급의 능력 수준. 교육부가 제정한 중학교 한문교육용 기초한자 900자를 이해하고 국어 생활에서 활용할 수 있다.
5급	초등학교 수준의 일상적인 한자어가 사용된 국한혼용의 글이나 책을 어느 정도 읽고 이해할 수 있는 한자 능력 수준. 고려대학교 한자한문연구소가 선정한 초등학교 교육용 기초한자 600자를 이해하고 국어 생활에서 활용할 수 있다.
6급	초등학교 5~6학년 수준의 일상적인 한자어가 사용된 국한혼용의 문장이나 책을 어느 정도 읽고 이해할 수 있는 한자 능력 수준. 고려대학교 한자한문연구소가 선정한 초등학교 교육용 기초한자 600자 중에서 초등학교 5~6학년용 기초한자 450자를 이해하고 국어 생활에서 활용할 수 있다.

구분	9급(50자)	8급(100자)	7급(150자)	6급(150자)	5급(150자)
가~길	車高工果交口 (6자)	家角建見季古故曲 科光九軍今金己 (15자)	加間江去決京慶景 競經界計告考公共 過校求究國君基技 氣記 (26자)	價可感開客結敬固 功空課官觀廣敎郡 近期吉 (19자)	歌街各干强個改擧 犬谷骨久句救弓權 貴勤根禁其起 (22자)
나~능	女 (1자)	南男內年能 (5자)	農 (1자)	念 (1자)	難勞 (2자)
다~등	大 (1자)	單同東 (3자)	多答圖島度道都冬 童等 (10자)	達談對德到動洞登 (8자)	丹短堂代刀獨讀斗 豆頭得 (11자)
락~립	力老立 (3자)	樂來令利 (4자)	例料里林 (4자)	落旅禮路論流律理 (8자)	卵冷良量歷連列留 陸 (9자)
마~밀	馬萬面母木目文門 (8자)	名毛無民 (4자)	每命明武聞物美 (7자)	末亡問未 (4자)	滿望賣勉務舞味米 密 (9자)
바~빙	夫父 (2자)	方白百法兵本不北 分 (9자)	半反放番病保步服 奉比非 (11자)	發別報福婦富復備 (8자)	訪防拜變飛氷 (6자)
사~십	山夕石手水身心 (7자)	事史四士三上商色 生書西成世小少市 示食臣失十 (21자)	師死序先線城性所 消素俗習始成詩信 神室實 (19자)	仕思産算想相賞席 船選鮮設說雪姓星 省誠歲洗孫受守收 數首順是式植 (30자)	使寺射殺尙仙善聲 勢速送授勝施視識 新氏 (18자)
아~일	兒羊魚玉王牛雨月 衣人日 (11자)	言業五午外容用元 原位有由六肉音邑 二因一入 (20자)	安案野約藥兩洋養 熱要友雲育銀意醫 耳 (17자)	陽語永英完右運園 油恩應義議移益引 (16자)	愛夜弱若漁易逆然 硏榮藝烏屋溫往浴 勇宇雄遠願爲遺飮 以仁 (26자)
자~집	子自長田足主 (6자)	者全弟中眞 (5자)	字作材財爭典前展 戰電定情庭政正帝 朝祖鳥族種住注竹 地指止紙直質集 (31자)	場再在才的傳節絶 接精題調宗左重志 知至進 (19자)	將章貯店第製兆助 早造存卒罪宙晝走 衆增支 (19자)
차~칠	天川 (2자)	次千初則七 (5자)	靑草村秋出充齒 (7자)	察參冊淸體寸祝忠 蟲取治致親 (13자)	着唱窓責處最追春 (8자)
쾌					快 (1자)
타~특	土 (1자)	太 (1자)		宅統通特 (4자)	打退 (2자)
파~필		八表風 (3자)	便平品必 (4자)	波片豊筆 (4자)	判敗貝皮 (4자)
하~희	行火 (2자)	下合幸兄回 (5자)	夏學海香血形化和 花話畵活後 (13자)	漢韓解向鄕現惠號 黃會孝效訓休興希 (16자)	河限害革協好湖虎 婚貨患皇凶 (13자)

시험에 대해서

시험의 검정 기준

급수	시험시간	시험과목	문항수	과목별 총점	과목별합격점수	전체총점	합격 점수
1급 배정한자 1,607 누적한자 4,908	80분	한자 어휘 독해	50 50 50	200 300 400	120 180 240	900	810
2급 배정한자 1,501 누적한자 3,301	80분	한자 어휘 독해	50 40 40	200 240 320	120 144 192	760	608
3급	60분	한자 어휘 독해	40 40 40	160 240 320	96 144 192	720	576
4급	60분	한자 어휘 독해	40 35 35	160 210 280	없음	650	455
5급	60분	한자 어휘 독해	40 30 30	160 180 240	없음	580	406
6급	40분	한자 어휘 독해	45 30 15	180 180 120	없음	480	288
7급	40분	한자 어휘 독해	40 20 10	160 120 80	없음	360	216
8급	30분	한자 어휘 독해	30 15 5	120 90 40	없음	250	150
9급	30분	한자 어휘	20 10	80 60	없음	140	84

∗ 합격점수 : 1급(만점의 90%), 2~3급(80%), 4~5급(70%), 6~9급(60%)
∗ 과목별 1문항당 배점 : 한자(4점), 어휘(6점), 독해(8점)
∗ 전 급수 객관식 5지선다형임.

인터넷 접수절차

- 원서접수를 위해서는 자격평가사업단 홈페이지 회원가입 후 본인인증이 되어 있어야 합니다.
- 정기검정 원서접수 기간 마지막일은 18:00에 마감되며, 상시검정은 선착순마감 또는 시험일기준 최소 4일전까지 접수를 해야합니다.
- 원서접수는 인터넷접수를 원칙으로 하며, 인터넷접수 시 상공회의소를 방문하지 않아 시간과 비용을 절감할 수 있습니다. 다만 인터넷접수 시 검정수수료 외 인터넷접수 수수료 1,200원이 별도 부과됩니다.
- 또한 해당 원서접수기간 중에 시행 상공회의소 근무시간에 방문하여 접수도 가능합니다.
- 상공회의소 방문접수 시 접수절차는 인터넷접수절차와 동일하며, 방문접수 시 인터넷결제 수수료는 부담되지 않습니다.

1 STEP	종목 및 등급선택
2 STEP	로그인
3 STEP	사진올리기
4 STEP	원하는 지역(상의) 선택
5 STEP	원하는 시험장 선택
6 STEP	원하는 시험일시 및 시험시간 선택
7 STEP	선택내역 확인
8 STEP	전자결재
9 STEP	접수완료 및 수험표 출력

목차

03 머리말
04 시험에 대해서

Chapter 01　기초 이론 학습 09
● 부수란 무엇인가? 10　　● 한자의 짜임 15　　● 한자어의 짜임 17
● 필순의 기본원칙 20

Chapter 02　한자 쓰기 연습(5급~9급 600자) 21

Chapter 03　기타 출제 유형별 정리 83
● 반대자 84　　● 반의어·상대어 86　　● 동음이의어 88
● 사자성어 94

Chapter 04　모의고사문제 및 정답 103
● 모의고사문제 104　　● 정답 120

CHAPTER 01

기초 이론학습

한자를 익히기에 앞서 한자를 이루는 구성 요소와
한자가 예로부터 어떻게 생겨났는지,
한자를 쓰는 요령 등을 공부한다.

- 부수란 무엇인가?
- 한자의 짜임
- 한자어의 짜임
- 필순의 기본원칙

# 부수란 무엇인가?

부수란 자전에서 한자를 찾는데 필요한 기본 글자이자, 한자 구성의 기본 글자로서 214자로 되어 있다. 부수는 한자를 문자 구조에 따라 분류·배열할 때 그 공통 부분을 대표하는 근간이 되는 글자의 구실을 한다. 부수자들은 각각 의미 기능을 가지고 있다. 그러므로 부수자를 알면 모르는 한자의 뜻을 쉽게 추측할 수 있다. 부수가 한자를 구성하는 위치에 따라 분류해 보면 다음과 같다.

변 왼쪽 부분을 차지하는 부수

人 亻	인변	價 個 代 使
水 氵	삼수변	減 江 決 流
手 扌	재방변	技 指 打

방 오른쪽 부분을 차지하는 부수

| 刀 刂 | 칼도방 | 到 列 |

머리 윗부분에 놓여 있는 부수

竹	대죽머리	答 筆
艸 艹	초두머리	苦 落
宀	갓머리	家 官

발 아랫부분에 놓여 있는 부수

| 皿 | 그릇명발 | 益 |
| 火 灬 | 불화발 | 熱 然 |

엄호 위와 왼쪽을 싸는 부수

| 广 | 엄호 | 廣 |

받침 왼쪽과 아래를 싸는 부수

| 廴 | 민책받침 | 建 |
| 辶 | 책받침 | 過 達 |

에운담 둘레를 감싸는 부수

| 囗 | 큰입구몸 | 圖 四 固 |

제부수 한 글자가 그대로 부수인 것

角 車 見 高 工 口 金 己 女
大 力 老 里 立 馬 面 毛 木
目 文 門 米 方 白 父 非 飛
鼻 比 士 山 色 生 夕 石 小
水 首 手 示 食 臣 身 心 十
羊 魚 言 用 牛 雨 月 肉 音
邑 衣 二 耳 人 一 日 入 子
自 長 鳥 赤 田 足 走 竹 至
止 靑 寸 齒 土 八 風 行 香
血 火 黃 黑

5급 한자 부수별 정리 (반복된 한자는 제부수 한자임)

부수에 대한 문제는 5급에만 해당된다. 그래서 전체 214개의 부수 중에서 5급 한자에 사용되는 152자만 다루었다.

부수	명칭	해당 한자
一	한 일	一 不 上 七 下 世 三
丨	뚫을 곤	中
丶	점 주	主
乙	새 을	九
亅	갈고리 궐	事
二	두 이	二 五
亠	돼지해머리	京 交 亡
人	亻 사람 인	人 價 個 代 使 仕 今 令 仙 備 他 以 休 來 信 位 偉 作 低 住 例 保 俗 修 便 傳 億 仁
儿	어진사람 인	元 兄 光 充 先 兒
入	들 입	入 內 全 兩
八	여덟 팔	八 公 六 共 兵 典
冂	멀 경	再
冫	이수변	冬 冷
凵	위터진 입 구	出
刀	刂 칼 도	分 初 到 列 利 別 則 前
力	힘 력	力 加 功 助 勉 動 勇 務 勞 勤 勝 勢
匕	비수 비	北 化
十	열 십	十 南 協 午 卒 半 千
厂	민엄호	原
厶	마늘모	去 參
又	또 우	反 友 受 取
口	입 구	口 可 古 句 史 右 各 吉 同 名 合 向 告 君 命 和 品 問 商 唱 單 善 喜
囗	큰입구몸	圖 四 固 回 因 國 園
土	흙 토	土 基 堂 城 在 地 場 增 報
士	선비 사	士
夊	천천히 걸을 쇠	夏
夕	저녁 석	夕 多 外 夜
大	큰 대	大 奉 夫 天 太 失
女	계집 녀	女 婦 姓 始 如 好 婚
子	아들 자	子 季 孫 學 字 存 孝
宀	갓머리	家 官 客 守 安 宅 完 定 宗 室 容 宿 害 密 富 實 察 寒
寸	마디 촌	寸 寺 尊 對
小	작을 소	小 少
尸	주검 시	展 屋
山	메 산	山 島
巛	개미허리	川
工	장인 공	工 巨 左
己	몸 기	己
巾	수건 건	常 師 席 市 希
干	방패 간	年 平 幸
广	엄호	廣 序 度 庭

부수	이름	예자
廴	민책받침	建
弋	주살 익	式
弓	활 궁	强 弱 引 弟
彡	터럭 삼	形
彳	두인변	德 得 往 律 後 復
心 (忄)	마음 심	心 急 念 怒 感 必 志 忠 思 恩 患 悲 惡 惠 想 愛 意 慶 應 快 性 情
戈	창 과	成 戰
戶	지게 호	所
手 (扌)	손 수	手 擧 才 拜 技 指 授 接 打
攴 (攵)	등글월문	敬 收 數 改 放 故 敎 政 效 救 敗 敵
文	글월 문	文
斗	말 두	料
斤	도끼 근	新
方	모 방	方 族
日	날 일	日 景 早 明 星 是 昨 時 春 晝 暗
曰	가로 왈	曲 書 最 會
月	달 월	月 期 朝 服 望 有
木	나무 목	木 果 林 東 材 村 相 校 橋 根 極 案 業 植 榮 樂 樹 末 本
欠	하품 흠	歌 次
止	그칠 지	止 正 步 武 歲 歷
歹	죽을사변	死
殳	갖은등글월문	殺
毋	말 무	母 每
比	견줄 비	比
毛	터럭 모	毛
氏	각시 씨	民
气	기운 기	氣
水 (氵)	물 수	水 永 求 減 江 決 流 深 洞 治 溫 浴 油 注 漁 洋 法 氷 波 淸 漢 湖 海 活 洗 消 滿 河
火 (灬)	불 화	火 熱 然 無
爪	손톱 조	爭
父	아비 부	父
牛	소 우	牛 物 特
犬 (犭)	개 견	獨
玉 (王)	구슬 옥	玉 王 理 現
生	날 생	生 産
用	쓸 용	用
田	밭 전	田 界 男 由 留 番 畫
疒	병질 엄	病
癶	필발머리	登 發
白	흰 백	白 百 的
皿	그릇 명	益
目	눈 목	目 眼 省 着 直 眞
矢	화살 시	短 知
石	돌 석	石 研
示	보일 시	示 禁 福 神 祖 祝 禮
禾	벼 화	科 私 秋 移 稅 種

부수	훈음	예시
穴	구멍 혈	空 窓 究
立	설 립	立 競 童 章
竹	대 죽	竹 答 笑 筆 第 節 等 算
米	쌀 미	米 精
糸	실 사	結 約 給 素 紙 絕 終 經 統 綠 線
网	⺲ 그물 망	罪
羊	양 양	羊 美 義
羽	깃 우	習
老	⺹ 늙을 로	老 考 者
耳	귀 이	耳 聞 聖 聲
肉	⺼ 고기 육	肉 能 育
臣	신하 신	臣
自	스스로 자	自
至	이를 지	至 致
臼	절구 구	興
舟	배 주	船
艮	그칠 간	良
色	빛 색	色
艸	⺿ 풀 초	苦 落 英 葉 藝 藥 花 草 萬
虍	범 호	號
血	피 혈	血 衆
行	다닐 행	行 街
衣	옷 의	衣 表 製
襾	덮을 아	要 西
見	볼 견	見 觀 視 親
角	뿔 각	角 解
言	말씀 언	言 計 記 訓 訪 設 說 詩 試 話 誠 語 調 認 議 識 課 論 請 讀 變 談
豆	콩 두	豊
貝	조개 패	貴 賣 買 財 貯 貨 貧 責 賞 質 賢
赤	붉을 적	赤
走	달아날 주	走 起
足	발 족	足 路
身	몸 신	身
車	수레 거·차	車 輕 軍
辰	별 진	農
辵	⻍ 책받침	過 達 送 運 遠 逆 造 通 退 選 速 進 道 近
邑	⻏ 고을 읍	邑 郡 都 部 鄉
酉	닭 유	醫
里	마을 리	里 野 量 重
金	쇠 금	金 銀
長	긴 장	長
門	문 문	門 間 開
阜	⻖ 언덕 부	陸 陰 限 防 陽
隹	새 추	難 雄 集
雨	비 우	雨 雪 電 雲
靑	푸를 청	靑
非	아닐 비	非
面	낯 면	面
韋	다룸 가죽 위	韓

音	▶	소리 음	音	骨	▶ 뼈 골	體
頁	▶	머리 혈	頭 順 願 題	高	▶ 높을 고	高
風	▶	바람 풍	風	魚	▶ 고기 어	魚 鮮
飛	▶	날 비	飛	鳥	▶ 새 조	鳥
食	▶	밥 식	食 養 飮	黃	▶ 누를 황	黃
首	▶	머리 수	首	黑	▶ 검을 흑	黑
香	▶	향기 향	香	鼻	▶ 코 비	鼻
馬	▶	말 마	馬	齒	▶ 이 치	齒

 **한자의 짜임**

한자의 짜임이란 수만 자가 되는 한자를 그 성립된 구조 유형에 따라 여섯 가지로 분류한 육서를 말한다. 육서에는 상형·지사·회의·형성·전주·가차가 있다.

1. 상형

구체적인 사물의 모양을 본떠서 글자를 만드는 원리를 상형이라 한다.

木 ▶	나무의 모양을 본뜸	人 ▶	사람의 모습을 본뜸
石 ▶	언덕 밑에 돌이 굴러 떨어진 모양을 본뜸	子 ▶	아이의 모습을 본뜸
鳥 ▶	새의 모양을 본뜸	川 ▶	시내의 모습을 본뜸
山 ▶	산의 모양을 본뜸		

2. 지사

사물의 추상적인 개념을 본떠 만드는 원리를 지사라 한다.

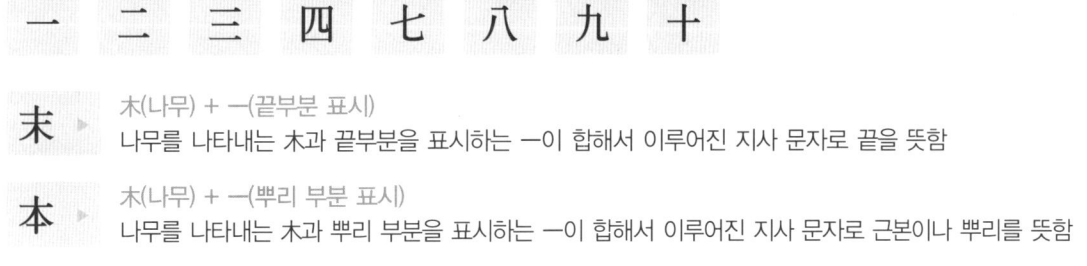

末 ▶ 木(나무) + 一(끝부분 표시)
나무를 나타내는 木과 끝부분을 표시하는 一이 합해서 이루어진 지사 문자로 끝을 뜻함

本 ▶ 木(나무) + 一(뿌리 부분 표시)
나무를 나타내는 木과 뿌리 부분을 표시하는 一이 합해서 이루어진 지사 문자로 근본이나 뿌리를 뜻함

3. 회의

이미 만들어진 두 개 이상의 글자에서 뜻을 모아 새로운 글자를 만드는 원리를 회의라 한다.

林 ▶ 木 + 木
木이 나란히 결합하여 나무가 많이 있는 숲의 뜻을 나타내는 회의 문자

孝 ▶ 老 + 子
老와 子가 결합하여 아들이 부모를 머리 위에 받들고 있는 모양의 회의 문자

4. 형성

이미 만들어진 글자를 결합하여 한쪽은 뜻을, 다른 한쪽은 음을 나타내는 글자를 만드는데, 이런 원리를 형성이라 한다.

형성자는 한자의 70%를 차지하여 대개의 한자는 두 개 이상의 문자가 뜻 부분과 음 부분으로 구성되어 있다. 형성자는 뜻 부분에서 그 글자의 뜻을 생각할 수 있고, 음 부분에서 그 글자의 음을 추리할 수 있어 알고 있는 한자를 바탕으로 새로운 한자의 뜻과 음을 쉽게 짐작할 수 있다.

景 ▶ 日(뜻), 京(음)	界 ▶ 田(뜻), 介(음)	功 ▶ 力(뜻), 工(음)
空 ▶ 穴(뜻), 工(음)	課 ▶ 言(뜻), 果(음)	洞 ▶ 水(뜻), 同(음)
頭 ▶ 頁(뜻), 豆(음)	想 ▶ 心(뜻), 相(음)	城 ▶ 土(뜻), 成(음)

5. 전주

이미 만들어진 한자만으로는 문화 문명의 발달로 무수히 늘어나는 사물과 개념을 다 표기할 수 없게 되었다. 그러자 기존의 문자 중에서 유사한 뜻을 가진 한자를 다른 뜻으로 전용하게 되었는데, 이를 전주라고 한다.

道 ▶ 본래 '발로 걸어다니는 길'의 뜻인데, 의미가 확대되어 '道德, 道理'에서의 '道'와 같이 '정신적인 길'이라는 뜻으로도 쓰임

惡 ▶ 본래 '악하다'는 뜻으로 음이 '악'이었으나, 악한 것은 모두 미워하기 때문에 의미가 확대되어 '憎惡, 惡寒'에서와 같이 '미워하다'라는 뜻으로 쓰이며, '오'라는 음으로 불림

6. 가차

이미 만들어진 한자를 원래 뜻에 관계없이 음만 빌어다 쓰는 것으로 아래와 같이 외래어 표기에 많이 사용되며, 의성어나 의태어 표기에도 쓰인다.

France ▶ 佛蘭西(불란서)	Asia ▶ 亞細亞(아세아)
Buddha ▶ 佛陀(불타)	England ▶ 英國(영국)
Italy ▶ 伊太利(이태리)	Paris ▶ 巴利(파리)

한자어의 짜임

두 자 이상의 한자가 결합하여 한 단위의 의미체를 형성할 때는 반드시 기능상의 관계를 가지게 된다. 한자어의 짜임은 그러한 기능상의 관계를 설명한 것이다. 한자어의 짜임은 문법적 기능에 따라 다음과 같이 분류할 수 있다.

1. 주술 관계

주체가 되는 말(주어)과 서술하는 말(서술어)이 결합된 한자어로 서술어는 행위·동작·상태 등을 나타내고, 주어는 그 주체가 된다. 주어를 먼저 해석하고, 서술어를 나중에 해석하여 '~가(이) ~함'으로 풀이한다.

- 月出 ▶ 월출 – 달이 뜸 / 出은 月의 동작을 서술
- 日出 ▶ 일출 – 해가 뜸 / 出은 日의 동작을 서술
- 人造 ▶ 인조 – 사람이 만듦 / 造는 人의 동작을 서술
- 夜深 ▶ 야심 – 밤이 깊음 / 深은 夜의 상태를 서술
- 年少 ▶ 연소 – 나이가 젊음 / 少는 年의 상태를 서술
- 骨折 ▶ 골절 – 뼈가 부러짐 / 折은 骨의 상태를 서술

2. 술목 관계

서술하는 말(서술어)과 서술의 목적·대상이 되는 말(목적어)이 결합된 한자어로, 서술어는 행위나 동작을 나타내고, 목적어는 대상이 된다. 목적어를 먼저 해석하고, 서술어를 나중에 해석하여 '~를(을) ~ 함'이라고 풀이한다.

- 卒業 ▶ 졸업 – 학업을 마침 / 業은 卒의 목적·대상이 됨
- 作文 ▶ 작문 – 글을 지음 / 文은 作의 목적·대상이 됨
- 修身 ▶ 수신 – 몸을 닦음 / 身은 修의 목적·대상이 됨
- 讀書 ▶ 독서 – 글을 읽음 / 書는 讀의 목적·대상이 됨
- 交友 ▶ 교우 – 벗을 사귐 / 友는 交의 목적·대상이 됨
- 敬老 ▶ 경로 – 늙은이를 공경함 / 老는 敬의 목적·대상이 됨

3. 술보 관계

서술하는 말(서술어)과 이를 도와 부족한 뜻을 완전하게 해주는 말(보어)이 결합된 한자어로, 서술어는 행위나 동작을 나타내고, 보어는 서술어를 도와 부족한 뜻을 완전하게 해 준다. 보어를 먼저 해석하고 서술어를 나중에 해석하여 '~이(가) ~함', '~에 ~함'으로 풀이한다.

- 有名 ▶ 유명 – 이름이 있음 / 名은 有의 뜻을 완전하게 해 줌
- 無罪 ▶ 무죄 – 허물이 없음 / 罪는 無의 뜻을 완전하게 해 줌
- 有能 ▶ 유능 – 능력이 있음 / 能은 有의 뜻을 완전하게 해 줌
- 無敵 ▶ 무적 – 적이 없음 / 敵은 無의 뜻을 완전하게 해 줌
- 無法 ▶ 무법 – 법이 없음 / 法은 無의 뜻을 완전하게 해 줌
- 有限 ▶ 유한 – 한계가 있음 / 限은 有의 뜻을 완전하게 해 줌

4. 수식 관계

꾸며주는 말(수식어)과 꾸밈을 받는 말(피수식어)이 결합된 한자어로, 앞에 있는 한자가 뒤에 있는 한자를 꾸미거나 한정하는 역할을 한다. 구성되는 한자의 성분에 따라 다음과 같이 나눌 수 있다.

1 관형어 + 체언

관형어가 체언을 수식하는 관계로 짜여진 한자어로, '~한 ~', '~하는 ~'로 해석한다.

靑山 ▶ 청산 – 푸른 산
靑은 山을 꾸미는 말

落葉 ▶ 낙엽 – 떨어지는 잎
落은 葉을 꾸미는 말

白雲 ▶ 백운 – 흰 구름
白은 雲을 꾸미는 말

幼兒 ▶ 유아 – 어린 아이
幼는 兒를 꾸미는 말

2 부사어 + 용언

부사어가 용언을 한정하는 관계로 짜여진 한자어로, '~ 하게 ~함'으로 해석한다.

必勝 ▶ 필승 – 반드시 이김
必은 勝을 꾸미는 말

急行 ▶ 급행 – 급히 감
急은 行을 꾸미는 말

過食 ▶ 과식 – 지나치게 먹음
過는 食을 꾸미는 말

徐行 ▶ 서행 – 천천히 감
徐는 行을 꾸미는 말

5. 병렬 관계

같은 성분의 한자끼리 나란히 병렬되어 짜여진 것으로 이것은 다시 '대립', '유사', '대등'으로 나눌 수 있다.

1 유사 관계

서로 비슷한 뜻을 가진 한자로 이루어진 한자어로, 두 글자의 종합된 뜻으로 풀이한다.

事業 ▶ 사업 – 일
事와 業의 뜻이 서로 같음

衣服 ▶ 의복 – 옷
衣와 服의 뜻이 서로 같음

樹木 ▶ 수목 – 나무
樹와 木의 뜻이 서로 같음

恩惠 ▶ 은혜 – 고마운 혜택
恩과 惠의 뜻이 서로 같음

溫暖 ▶ 온난 – 따뜻함
溫과 暖의 뜻이 서로 같음

海洋 ▶ 해양 – 큰 바다
海와 洋의 뜻이 서로 같음

2 대립 관계

서로 반대되는 의미를 가진 한자가 만나 이루어진 한자어로 '~와(과) ~', '~하고 ~함'으로 해석한다.

上下 ▶ 상하 – 위아래
上과 下의 뜻이 서로 반대

大小 ▶ 대소 – 크고 작음
大와 小의 뜻이 서로 반대

黑白 ▶ 흑백 – 검은 빛과 흰 빛
黑과 白의 뜻이 서로 반대

强弱 ▶ 강약 – 강함과 약함
强과 弱의 뜻이 서로 반대

貧富 ▶ 빈부 – 가난함과 넉넉함
貧과 富의 뜻이 서로 반대

內外 ▶ 내외 – 안과 밖
內와 外의 뜻이 서로 반대

3 대등 관계

서로 대등한 의미를 가진 한자가 만나 이루어진 한자어로 '~와 ~'로 해석한다.

花鳥 ▶ 화조 – 꽃과 새
花와 鳥의 뜻이 서로 대등

松竹 ▶ 송죽 – 소나무와 대나무
松과 竹의 뜻이 서로 대등

父母 ▶ 부모 – 아버지와 어머니
父와 母의 뜻이 서로 대등

子女 ▶ 자녀 – 아들과 딸
子와 女의 뜻이 서로 대등

兄弟 ▶ 형제 – 형과 동생
兄과 弟의 뜻이 서로 대등

正直 ▶ 정직 – 바르고 곧음
正과 直의 뜻이 서로 대등

필순의 기본 원칙

필순의 기본 원칙이란 하나의 글자를 쓰고자 할 때 그 글자를 이루어가는 기본적인 순서를 말한다.

1. 왼쪽에서 오른쪽으로, 위에서 아래로 쓴다.

| 川 | 내 천 | 총3획 |
| 三 | 석 삼 | 총3획 |

2. 가로획과 세로획이 교차할 때에는 가로획을 먼저 쓴다.

| 十 | 열 십 | 총2획 |
| 土 | 흙 토 | 총3획 |

3. 삐침과 파임이 만날 때에는 삐침을 먼저 쓴다.

| 人 | 사람 인 | 총2획 |
| 父 | 아비 부 | 총4획 |

4. 왼쪽과 오른쪽의 모양이 같을 때에는 가운데를 먼저 쓴다.

| 山 | 메 산 | 총3획 |
| 水 | 물 수 | 총4획 |

5. 안과 바깥쪽이 있을 때에는 바깥쪽을 먼저 쓴다.

| 日 | 날 일 | 총4획 |
| 內 | 안 내 | 총4획 |

6. 꿰뚫는 획은 나중에 쓴다.

| 中 | 가운데 중 | 총4획 |
| 車 | 수레 거·차 | 총7획 |

7. 오른쪽 위의 점은 나중에 찍는다.

| 代 | 대신 대 | 총5획 |
| 武 | 호반 무 | 총8획 |

8. 삐침이 짧고 가로획이 길면 삐침을 먼저 쓴다.

| 右 | 오른쪽 우 | 총5획 |

9. 삐침이 길고 가로획이 짧으면 가로획을 먼저 쓴다.

| 左 | 왼 좌 | 총5획 |

CHAPTER 02

한자 쓰기 연습
5급~9급 한자 600자

이 장은
5급~9급 한자 600자로
구성되어 있다.
각 한자의 하단에 있는
음훈, 부수, 획수, 육서(한자의 짜임), 필순을 확인해 가며
각각 10회씩 써보자.

8급 001 가	家 집 가	家	家	家	宀부 총10획 회의문자 / 丶丶宀宀宀宁宇家家家							
5급 002 가	街 거리 가	街	街	街	行부 총12획 형성문자 / 丿彳彳彳彳彳彳彳彳街街街							
6급 003 가	可 옳을 가	可	可	可	口부 총5획 회의문자 一丆丆可可							
5급 004 가	歌 노래 가	歌	歌	歌	欠부 총14획 형성문자							
7급 005 가	加 더할 가	加	加	加	力부 총5획 회의문자 フカカ加加							
6급 006 가	價 값 가	價	價	價	亻=人부 총15획 형성문자							
8급 007 각	角 뿔 각	角	角	角	角부 총7획 상형문자							
5급 008 각	各 각각 각	各	各	各	口부 총6획 회의문자							
7급 009 간	間 사이 간	間	間	間	門부 총12획 회의문자							
5급 010 간	干 방패 간	干	干	干	干부 총3획 상형문자 一二干							
6급 011 감	感 느낄 감	感	感	感	心부 총13획 형성문자							
7급 012 강	江 강 강	江	江	江	氵=水부 총6획 형성문자 丶丶氵氵江江							
5급 013 강	強 강할 강	強	強	強	弓부 총12획 형성문자							
5급 014 개	改 고칠 개	改	改	改	攵=攴부 총7획 회의문자							
5급 015 개	個 낱 개	個	個	個	亻=人부 총10획 형성문자							

6급 016 개	開	열 개	門부 총12획 회의문자	丨 冂 冂 冃 門 門 門 閂 閂 開 開
6급 017 객	客	손 객	宀부 총9획 형성문자	丶 宀 宀 宀 宀 安 安 客 客
7급 018 거	去	갈 거	厶부 총5획 회의문자	一 十 土 去 去
9급 019 거	車	수레 거(차)	車부 총7획 상형문자	一 厂 厂 丙 百 亘 車
5급 020 거	擧	들 거	手부 총18획 회의문자	丶 一 ㄣ ㄣ ㄣ ㄣ 舟 舟 舟 舟 舟 與 與 與 與 擧 擧
8급 021 건	建	세울 건	廴부 총9획 회의문자	一 ㄱ ㅋ ㄹ 聿 聿 聿 建 建
5급 022 견	犬	개 견	犬부 총4획 상형문자	一 ナ 大 犬
8급 023 견	見	볼 견	見부 총7획 회의문자	丨 冂 冂 月 目 貝 見
7급 024 결	決	결단할 결	氵=水부 총7획 회의문자	丶 冫 氵 汀 江 決 決
6급 025 결	結	맺을 결	糸부 총12획 형성문자	乙 幺 幺 糸 糸 糸 結 結 結 結 結 結
7급 026 경	京	서울 경	亠부 총8획 상형문자	丶 一 亠 古 亯 亯 京 京
7급 027 경	景	볕 경	日부 총12획 형성문자	丨 口 日 日 旦 早 昬 昬 景 景 景 景
7급 028 경	競	다툴 경	立부 총20획 회의문자	丶 一 亠 立 产 音 亨 享 享 竟 竟 竟 竟 竟 竟 竟 競 競 競
7급 029 경	經	지날 경	糸부 총13획 형성문자	乙 幺 幺 糸 糸 糸 糸 經 經 經 經 經 經
6급 030 경	敬	공경 경	攵=攴부 총13획 회의문자	一 ㄓ ㄓ ㅐ 艹 芍 芍 荀 荀 敬 敬 敬 敬

02 한자 쓰기 연습

7급 031 경	慶	경사 경	心부 총15획 회의문자	广广庐庐庐庐唐廖廖廖慶
7급 032 계	計	셀 계	言부 총9획 회의문자	丶亠亠言言言言計
8급 033 계	季	계절 계	子부 총8획 회의문자	一二千千禾禾季季
7급 034 계	界	지경 계	田부 총9획 형성문자	丨口日日田田甼界界
7급 035 고	告	고할 고	口부 총7획 회의문자	丿匕牛生告告告
8급 036 고	古	예 고	口부 총5획 회의문자	一十十古古
8급 037 고	故	연고 고	攵=攴부 총9획 회의문자	一十十古古古故故故
6급 038 고	固	굳을 고	口부 총8획 형성문자	丨冂月用用周周固
9급 039 고	高	높을 고	高부 총10획 상형문자	丶亠亠亠古古高高高高
7급 040 고	考	생각할 고	耂=老부 총6획 상형문자	一十土耂考考
5급 041 곡	谷	골 곡	谷부 총7획 회의문자	丿八ㄨ父父谷谷
8급 042 곡	曲	굽을 곡	日부 총6획 상형문자	丨冂日由曲曲
5급 043 골	骨	뼈 골	骨부 총10획 회의문자	丨冂冃冃冎咼骨骨骨
9급 044 공	工	장인 공	工부 총3획 상형문자	一丅工
6급 045 공	功	공 공	力부 총5획 형성문자	一丅工功功

6급 046 공	空	빌 공	穴부 총8획 형성문자	丶丶宀宀宀空空空
7급 047 공	共	함께 공	八부 총6획 회의문자	一十卄共共共
7급 048 공	公	공평할 공	八부 총4획 회의문자	丿八公公
9급 049 과	果	실과 과	木부 총8획 상형문자	丨冂曰旦甲果果
6급 050 과	課	공부할 과	言부 총15획 형성문자	丶二亠亖言言言訁記記課課課
8급 051 과	科	과목 과	禾부 총9획 회의문자	一二千禾禾禾科科
7급 052 과	過	지날 과	辶=辵부 총13획 형성문자	丨冂冂冃呙呙咼咼過過過過
6급 053 관	官	벼슬 관	宀부 총8획 회의문자	丶丶宀宀宀官官
6급 054 관	觀	볼 관	見부 총25획 형성문자	一艹艹艹芢芢萈萈萈荏雚雚雚觀觀觀觀觀
8급 055 광	光	빛 광	儿부 총6획 회의문자	丨丨丨丬业光
6급 056 광	廣	넓을 광	广부 총15획 형성문자	丶一广广广产产产庐庐庐庸廣廣廣
9급 057 교	交	사귈 교	亠부 총6획 상형문자	丶一六亣交
7급 058 교	校	학교 교	木부 총10획 형성문자	一十才木木杧杧杧校校
6급 059 교	敎	가르칠 교	攵=攴부 총11획 회의문자	丿乂乄爻爻孝孝孝敎敎
5급 060 구	久	오랠 구	丿부 총3획 지사문자	丿夂久

01-03 다음 한자(漢字)의 부수(部首)는 무엇입니까?

01 價 : ① 人   ② 木   ③ 水   ④ 土   ⑤ 貝
02 歌 : ① 口   ② 目   ③ 人   ④ 可   ⑤ 欠
03 京 : ① 亠   ② 口   ③ 小   ④ 京   ⑤ 八

04-06 다음 한자(漢字)의 획수(劃數)는 모두 몇 획입니까?

04 間 : ① 9   ② 10   ③ 11   ④ 12   ⑤ 13
05 強 : ① 8   ② 9   ③ 10   ④ 11   ⑤ 12
06 高 : ① 8   ② 9   ③ 10   ④ 11   ⑤ 12

07-08 다음 필순(筆順)에 대한 설명에 가장 알맞은 한자(漢字)는 어느 것입니까?

07 왼쪽에서 오른쪽으로 쓴다.
　　① 加   ② 家   ③ 干   ④ 去   ⑤ 工
08 위에서 아래로 쓴다.
　　① 景   ② 計   ③ 故   ④ 曲   ⑤ 江

09-18 다음 한자(漢字)의 음(音)은 무엇입니까?

09 建 : ① 건   ② 견   ③ 간   ④ 각   ⑤ 강
10 街 : ① 각   ② 간   ③ 가   ④ 거   ⑤ 건
11 江 : ① 공   ② 과   ③ 경   ④ 견   ⑤ 강
12 改 : ① 기   ② 고   ③ 감   ④ 개   ⑤ 곡
13 歌 : ① 개   ② 가   ③ 간   ④ 강   ⑤ 감
14 結 : ① 경   ② 고   ③ 결   ④ 곡   ⑤ 광
15 季 : ① 고   ② 경   ③ 공   ④ 곡   ⑤ 계
16 考 : ① 곡   ② 고   ③ 로   ④ 경   ⑤ 관
17 功 : ① 결   ② 계   ③ 곡   ④ 공   ⑤ 교
18 犬 : ① 곡   ② 결   ③ 경   ④ 격   ⑤ 견

19-23 다음의 음(音)을 가진 한자(漢字)는 어느 것입니까?

19 가 : ① 價   ② 各   ③ 干   ④ 去   ⑤ 開
20 각 : ① 歌   ② 谷   ③ 個   ④ 角   ⑤ 決
21 거 : ① 客   ② 加   ③ 舉   ④ 見   ⑤ 經
22 경 : ① 間   ② 計   ③ 告   ④ 骨   ⑤ 慶
23 공 : ① 高   ② 古   ③ 共   ④ 京   ⑤ 官

24-33 다음 한자(漢字)의 뜻은 무엇입니까?

24 價 : ① 값   ② 길   ③ 집   ④ 장수   ⑤ 다리
25 建 : ① 보다   ② 가사   ③ 날다   ④ 들다   ⑤ 세우다
26 各 : ① 앉다   ② 각각   ③ 개인   ④ 내리다   ⑤ 가볍다
27 街 : ① 거리   ② 들판   ③ 하늘   ④ 지상   ⑤ 수레
28 江 : ① 실   ② 강   ③ 해   ④ 빛   ⑤ 낱
29 谷 : ① 뼈   ② 살   ③ 샘   ④ 골   ⑤ 하천
30 季 : ① 계절   ② 날씨   ③ 고난   ④ 곡식   ⑤ 장인
31 告 : ① 절하다   ② 일하다   ③ 고하다   ④ 엎드리다   ⑤ 공평하다
32 結 : ① 굳다   ② 맺다   ③ 풀다   ④ 경사   ⑤ 공경
33 界 : ① 우주   ② 행운   ③ 불운   ④ 지경   ⑤ 과목

34-38 다음의 뜻을 가진 한자(漢字)는 어느 것입니까?

34 느끼다 : ① 角   ② 家   ③ 果   ④ 骨   ⑤ 感
35 노래 : ① 見   ② 個   ③ 客   ④ 歌   ⑤ 科
36 방패 : ① 干   ② 擧   ③ 改   ④ 間   ⑤ 光
37 볕 : ① 計   ② 景   ③ 高   ④ 界   ⑤ 交
38 공 : ① 功   ② 工   ③ 故   ④ 曲   ⑤ 校

39-48 다음 한자어(漢字語)의 음(音)은 무엇입니까?

39 代價 : ① 시가   ② 대가   ③ 정가   ④ 평가   ⑤ 공가
40 校歌 : ① 군가   ② 교가   ③ 단가   ④ 국가   ⑤ 찬가
41 可觀 : ① 가관   ② 허가   ③ 가상   ④ 가능   ⑤ 기관
42 期間 : ① 인간   ② 감형   ③ 산간   ④ 행간   ⑤ 기간
43 干滿 : ① 간섭   ② 간척   ③ 간만   ④ 간파   ⑤ 간판
44 永久 : ① 영구   ② 항구   ③ 빙궁   ④ 영궁   ⑤ 빙구
45 敬禮 : ① 경로   ② 경원   ③ 경례   ④ 경의   ⑤ 의례
46 競技 : ① 경쟁   ② 경합   ③ 경선   ④ 투기   ⑤ 경기
47 合計 : ① 계산   ② 합계   ③ 계책   ④ 회계   ⑤ 총계
48 限界 : ① 학계   ② 업계   ③ 한계   ④ 천계   ⑤ 장계

49-50 다음 단어들의 '□'에 공통으로 들어갈 알맞은 한자(漢字)는 어느 것입니까?

49 □校, □學, □放 :
   ① 强   ② 決   ③ 開   ④ 去   ⑤ 過
50 □婚, □末, □實 :
   ① 京   ② 結   ③ 告   ④ 季   ⑤ 廣

급수	번호	한자	훈음	부수/획수/구성	필순
8급	061	九 (구)	아홉 구	乙부 총2획 지사문자	ノ九
9급	062	口 (구)	입 구	口부 총3획 상형문자	丨口口
5급	063	救 (구)	구원할 구	攵=攴부 총11획 형성문자	一十寸求求求救救救救救
7급	064	究 (구)	연구할 구	穴부 총7획 형성문자	丶丶宀宂宄究究
5급	065	句 (구)	글귀 구	口부 총5획 형성문자	ノ勹勹句句
7급	066	求 (구)	구할 구	水부 총7획 상형문자	一十寸才求求求
7급	067	國 (국)	나라 국	口부 총11획 회의문자	丨冂冂冃同同国国國國國
7급	068	君 (군)	임금 군	口부 총7획 회의문자	フコヨ尹尹君君
8급	069	軍 (군)	군사 군	車부 총9획 회의문자	丶冖冖冖宣宣軍軍軍
6급	070	郡 (군)	고을 군	阝=邑부 총10획 형성문자	フコヨ尹尹君君郡郡郡
5급	071	弓 (궁)	활 궁	弓부 총3획 상형문자	フコ弓
5급	072	權 (권)	권세 권	木부 총22획 형성문자	一十才木木朴朴朴朴權權權權權權權權權權權
5급	073	貴 (귀)	귀할 귀	貝부 총12획 형성문자	丶口中虫虫典典青青貴貴貴
5급	074	勤 (근)	부지런할 근	力부 총13획 형성문자	一十廿廿廿苩苩苩堇堇勤勤
5급	075	根 (근)	뿌리 근	木부 총10획 형성문자	一十才木木朳朳根根根

6급 076 근	近	가까울 근	辶=辵부 총8획 형성문자	ノ ｒ ｆ 斤 斤 沂 近 近
8급 077 금	今	이제 금	人부 총4획 회의문자	ノ 人 ㅅ 今
5급 078 금	禁	금할 금	示부 총13획 형성문자	一 十 才 木 木 村 村 林 梺 梺 埜 禁 禁
8급 079 금	金	쇠 금/성 김	金부 총8획 형성문자	ノ 人 ㅅ 今 全 全 金 金
5급 080 기	其	그 기	八부 총8획 상형문자	一 十 卄 甘 甘 其 其 其
7급 081 기	記	기록할 기	言부 총10획 형성문자	丶 亠 ㅜ 言 言 言 言 訂 訂 記
6급 082 기	期	기약할 기	月부 총12획 형성문자	一 十 卄 甘 甘 其 其 其 期 期 期 期
7급 083 기	基	터 기	土부 총11획 형성문자	一 十 卄 甘 甘 其 其 其 其 基 基
7급 084 기	氣	기운 기	气부 총10획 형성문자	ノ ｒ 气 气 气 气 気 氣 氣 氣
7급 085 기	技	재주 기	扌=手부 총7획 형성문자	一 ｜ ｊ 扌 扌 抃 技
8급 086 기	己	몸 기	己부 총3획 상형문자	ㄱ ㄱ 己
5급 087 기	起	일어날 기	走부 총10획 형성문자	一 十 土 キ キ 走 走 起 起 起
6급 088 길	吉	길할 길	口부 총6획 회의문자	一 十 士 吉 吉 吉
5급 089 난	難	어려울 난	隹부 총19획 형성문자	一 十 卄 廿 廿 芇 苩 苩 堇 莫 莫 莫 堇 暵 暵 鞏 難 難 難
8급 090 남	南	남녘 남	十부 총9획 상형문자	一 十 十 宀 内 内 南 南 南

급	한자	훈음	부수/획수/구성	필순
8급 091 남	男	사내 남	田부 총7획 회의문자	丨 冂 曰 田 田 男 男
8급 092 내	內	안 내	入부 총4획 회의문자	丨 冂 内 內
9급 093 녀	女	계집 녀	女부 총3획 상형문자	く 女 女
8급 094 년	年	해 년	干부 총6획 형성문자	ノ 亠 仁 仨 丘 年
6급 095 념	念	생각 념	心부 총8획 형성문자	ノ 人 人 今 今 念 念 念
7급 096 농	農	농사 농	辰부 총13획 회의문자	丨 冂 吶 曲 曲 曲 芦 芦 芦 農 農 農 農
8급 097 능	能	능할 능	月=肉부 총10획 상형문자	ᅀ ᅀ 숩 숩 순 슌 能 能 能
7급 098 다	多	많을 다	夕부 총6획 회의문자	ノ ク タ タ 多 多
5급 099 단	丹	붉을 단	、부 총4획 지사문자	ノ 几 凡 丹
8급 100 단	單	홑 단	口부 총12획 상형문자	丶 吖 吕 吕 吕 吕 吕 罡 胃 單
5급 101 단	短	짧을 단	矢부 총12획 회의문자	ノ 上 ᅩ 矢 矢 矢' 知 知 知 短 短 短
6급 102 달	達	통달할 달	辶=辵부 총13획 회의문자	一 十 土 호 소 츾 출 흙 흫 韋 達 達 達
6급 103 담	談	말씀 담	言부 총15획 형성문자	丶 二 亠 言 言 言 言 訁 訳 談 談 談 談
7급 104 답	答	대답 답	竹부 총12획 형성문자	ノ 人 ⺮ ⺮ ⺮ 夕 笊 笊 笒 答 答
5급 105 당	堂	집 당	土부 총11획 형성문자	丨 丨 ⺌ ⺌ 씅 쓩 씃 営 営 堂 堂

9급 106 대	大	큰 대	大부 총3획 상형문자	一ナ大
6급 107 대	對	대할 대	寸부 총14획 회의문자	丨丨丨丨业业业业业堂堂對對對
5급 108 대	代	대신 대	亻=人부 총5획 형성문자	ノイ仁代代
6급 109 덕	德	큰 덕	彳부 총15획 형성문자	ノノ彳彳彳彳徍徍徳徳徳徳徳徳
6급 110 도	到	이를 도	刂=刀부 총8획 형성문자	一ZZ至至至到到
7급 111 도	度	법도 도	广부 총9획 형성문자	丶一广广庐庐庐度度
7급 112 도	道	길 도	辶=辵부 총13획 회의문자	丶丷丷产产首首首道道道
7급 113 도	島	섬 도	山부 총10획 형성문자	ノ亻广户白自鸟島島島
7급 114 도	都	도읍 도	阝=邑부 총12획 형성문자	一十土耂耂耂者者者者都都
7급 115 도	圖	그림 도	口부 총14획 회의문자	丨冂冂冂門閂몸몸몸圖圖圖圖
5급 116 도	刀	칼 도	刀부 총2획 상형문자	刀刀
5급 117 독	讀	읽을 독	言부 총22획 형성문자	丶一二三言言言計計計詰詰詰詰詰詰詰讀讀讀
5급 118 독	獨	홀로 독	犭=犬부 총16획 형성문자	ノノ犭犭犭犭犳犳狎猸猸獨獨獨獨
6급 119 동	洞	골 동	氵=水부 총9획 형성문자	丶丶氵氵氵洞洞洞洞
7급 120 동	童	아이 동	立부 총12획 회의문자	丶一十立产产音音音音童童

연습문제 2

01-03 다음 한자(漢字)의 부수(部首)는 무엇입니까?

01 近 : ① 丶　② 斤　③ 辶　④ 丿　⑤ ㅣ
02 今 : ① 人　② 今　③ ㄱ　④ 一　⑤ 入
03 能 : ① 匕　② 厶　③ 能　④ 比　⑤ 月

04-06 다음 한자(漢字)의 획수(劃數)는 모두 몇 획입니까?

04 勤 : ① 12　② 13　③ 14　④ 15　⑤ 16
05 金 : ① 7　② 8　③ 9　④ 10　⑤ 11
06 洞 : ① 9　② 10　③ 11　④ 12　⑤ 13

07-08 다음 필순(筆順)에 대한 설명에 가장 알맞은 한자(漢字)는 어느 것입니까?

07 왼쪽에서 오른쪽으로 쓴다.
　　① 弓　② 根　③ 禁　④ 今　⑤ 單

08 오른쪽 위의 점은 나중에 찍는다.
　　① 短　② 談　③ 答　④ 道　⑤ 代

09-18 다음 한자(漢字)의 음(音)은 무엇입니까?

09 氣 : ① 근　② 다　③ 길　④ 공　⑤ 기
10 權 : ① 극　② 근　③ 권　④ 공　⑤ 내
11 弓 : ① 긴　② 궁　③ 난　④ 기　⑤ 구
12 期 : ① 길　② 근　③ 기　④ 노　⑤ 다
13 近 : ① 난　② 금　③ 급　④ 기　⑤ 근
14 道 : ① 단　② 도　③ 독　④ 달　⑤ 국
15 都 : ① 동　② 독　③ 도　④ 답　⑤ 군
16 單 : ① 다　② 능　③ 동　④ 단　⑤ 귀
17 答 : ① 답　② 단　③ 다　④ 독　⑤ 급
18 農 : ① 금　② 능　③ 단　④ 다　⑤ 농

19-23 다음의 음(音)을 가진 한자(漢字)는 어느 것입니까?

19 근 : ① 勤　② 己　③ 吉　④ 年　⑤ 達
20 금 : ① 技　② 其　③ 短　④ 念　⑤ 金
21 난 : ① 記　② 內　③ 女　④ 難　⑤ 談
22 능 : ① 農　② 圖　③ 能　④ 多　⑤ 君
23 대 : ① 島　② 對　③ 丹　④ 堂　⑤ 究

24-33 다음 한자(漢字)의 뜻은 무엇입니까?

24 念 : ① 농사 ② 주일 ③ 생일 ④ 이제 ⑤ 생각

25 吉 : ① 자라다 ② 흉하다 ③ 길하다 ④ 이르다 ⑤ 통달하다

26 年 : ① 해 ② 산 ③ 물 ④ 손 ⑤ 섬

27 勤 : ① 애쓰다 ② 권하다 ③ 다니다 ④ 성내다 ⑤ 부지런하다

28 今 : ① 이제 ② 어제 ③ 동전 ④ 내일 ⑤ 고을

29 堂 : ① 섬 ② 덕 ③ 집 ④ 길 ⑤ 입

30 獨 : ① 군사 ② 도읍 ③ 법도 ④ 그림 ⑤ 홀로

31 同 : ① 아이 ② 움직이다 ③ 동녘 ④ 뿌리 ⑤ 한가지

32 能 : ① 농사 ② 법도 ③ 능하다 ④ 도읍 ⑤ 일어나다

33 多 : ① 크다 ② 되다 ③ 적다 ④ 많다 ⑤ 아홉

34-38 다음의 뜻을 가진 한자(漢字)는 어느 것입니까?

34 뿌리 : ① 今 ② 根 ③ 近 ④ 勤 ⑤ 求

35 사내 : ① 南 ② 女 ③ 男 ④ 氣 ⑤ 讀

36 터 : ① 郡 ② 期 ③ 技 ④ 起 ⑤ 基

37 대답 : ① 答 ② 多 ③ 達 ④ 大 ⑤ 代

38 법도 : ① 島 ② 達 ③ 都 ④ 度 ⑤ 到

39-48 다음 한자어(漢字語)의 음(音)은 무엇입니까?

39 退勤 : ① 출근 ② 통근 ③ 근검 ④ 퇴근 ⑤ 외근

40 丹靑 : ① 단청 ② 주단 ③ 목단 ④ 주청 ⑤ 단전

41 初期 : ① 후기 ② 초기 ③ 기간 ④ 기대 ⑤ 전기

42 氣分 : ① 기온 ② 용기 ③ 기초 ④ 심기 ⑤ 기분

43 實技 : ① 기술 ② 실기 ③ 기능 ④ 기예 ⑤ 예능

44 有能 : ① 유무 ② 기능 ③ 유선 ④ 유능 ⑤ 재능

45 長短 : ① 장단 ② 장기 ③ 단기 ④ 단점 ⑤ 장두

46 單價 : ① 물가 ② 단독 ③ 단가 ④ 시가 ⑤ 매매

47 通達 : ① 도달 ② 용달 ③ 통쾌 ④ 전달 ⑤ 통달

48 對談 : ① 미소 ② 보답 ③ 정답 ④ 대담 ⑤ 밀담

49-50 다음 단어들의 '□'에 공통으로 들어갈 알맞은 한자(漢字)는 어느 것입니까?

49 □代, □視, 遠□ : ① 今 ② 近 ③ 己 ④ 刀 ⑤ 童

50 □場, □立, 孝□ : ① 道 ② 達 ③ 代 ④ 東 ⑤ 軍

7급 121 동	冬	겨울 동	冫부 총5획 회의문자	ノク久冬冬
8급 122 동	東	동녘 동	木부 총8획 상형문자	一厂戸戸百申東東
6급 123 동	動	움직일 동	力부 총11획 형성문자	一二千千千百百重重動動
8급 124 동	同	한가지 동	口부 총6획 회의문자	丨冂冂冋同同
5급 125 두	頭	머리 두	頁부 총16획 형성문자	一厂戸戸豆豆豆豆頭頭頭頭頭頭頭頭
5급 126 두	斗	말 두	斗부 총4획 상형문자	丶丶二斗
5급 127 두	豆	콩 두	豆부 총7획 상형문자	一厂戸戸豆豆豆
5급 128 득	得	얻을 득	彳부 총11획 회의문자	ノク彳彳犭犭犭得得得
7급 129 등	等	무리 등	竹부 총12획 회의문자	ノトゲケ竹竹竺竺竺等等
6급 130 등	登	오를 등	癶부 총12획 회의문자	ノフゲグ癶癶癶登登登登
6급 131 락	落	떨어질 락	艹부 총13획 형성문자	一十卄艹艹艹艹莎茨茨落落落
8급 132 락	樂	즐길 락	木부 총15획 상형문자	ノイ白白白卵綿綿樂樂樂
5급 133 란	卵	알 란	卩부 총7획 상형문자	ノヒヒ白卵卵卵
8급 134 래	來	올 래	人부 총8획 상형문자	一厂厂ヵ双來來來
5급 135 랭	冷	찰 랭	冫부 총7획 형성문자	丶冫冫入冷冷冷

5급 136 량	良	어질 량	艮부 총7획 상형문자	丶ᄀ 彐 彐 官 良 良
7급 137 량	雨	두 량	入부 총8획 상형문자	一 冂 冂 帀 雨 雨 雨
5급 138 량	量	헤아릴 량	里부 총12획 회의문자	丨 冂 冂 日 旦 早 昌 昌 昌 量 量
6급 139 려	旅	나그네 려	方부 총10획 회의문자	丶 亠 う 方 方 方 方 旂 旅 旅
9급 140 력	力	힘 력	力부 총2획 상형문자	フ 力
5급 141 력	歷	지날 력	止부 총16획 형성문자	一 厂 厂 厂 厂 厂 厂 厂 厂 厂 歷 歷 歷 歷
5급 142 련	連	이을 련	辶=辵부 총11획 회의문자	一 厂 厂 万 百 亘 車 車 連 連 連
5급 143 렬	列	벌일 렬	刂=刀부 총6획 회의문자	一 ア ア 歹 列 列
8급 144 령	令	하여금 령	人부 총5획 회의문자	丿 人 人 今 令
7급 145 례	例	법식 례	亻=人부 총8획 형성문자	丿 亻 亻 亻 亻 例 例 例
6급 146 례	禮	예도 례	示부 총18획 형성문자	一 二 亍 示 示 示 示 示 示 禮 禮 禮 禮 禮 禮 禮
6급 147 로	路	길 로	足부 총13획 회의문자	丶 口 口 口 日 足 足 足 足 路 路 路
9급 148 로	老	늙을 로	老부 총6획 상형문자	一 十 土 耂 老 老
5급 149 로	勞	일할 로	力부 총12획 회의문자	丶 丷 丷 火 炏 炏 炏 炏 勞 勞
6급 150 론	論	논할 론	言부 총15획 형성문자	丶 亠 亠 亖 言 言 言 訁 訡 訡 論 論 論 論 論

7급 151 료	料	헤아릴 료	斗부 총10획 회의문자	丶丶亠半米米米米料料
6급 152 류	流	흐를 류	氵=水부 총10획 회의문자	丶丶氵氵浐浐浐流流
5급 153 류	留	머무를 류	田부 총10획 형성문자	丿卜卬卬卯留留留留
8급 154 륙	六	여섯 륙	八부 총4획 지사문자	丶亠六六
5급 155 륙	陸	뭍 륙	阝=阜부 총11획 형성문자	丶了阝阝阯阹陆陸陸陸
6급 156 률	律	법칙 률	彳부 총9획 회의문자	丿彳彳彳律律律律
7급 157 리	里	마을 리	里부 총7획 회의문자	丨口曰甲里里
6급 158 리	理	다스릴 리	王=玉부 총11획 형성문자	一二Ŧ王玗玾理理理理
8급 159 리	利	이로울 리	刂=刀부 총7획 회의문자	一二千禾利利
7급 160 림	林	수풀 림	木부 총8획 회의문자	一十才木木村林林
9급 161 립	立	설 립	立부 총5획 상형문자	丶亠六立立
9급 162 마	馬	말 마	馬부 총10획 상형문자	丨厂厂厂厈馬馬馬馬
9급 163 만	萬	일만 만	⺿=艸부 총13획 상형문자	丶丷艹艹苎苔苒萬萬萬萬
5급 164 만	滿	찰 만	氵=水부 총14획 형성문자	丶丶氵氵汁汁洪洪滿滿滿滿
6급 165 말	末	끝 말	木부 총5획 지사문자	一二卡未末

5급 166 망	望	望	望	望	바랄 **망**	月부 총11획 형성문자	丶亠亡亡亡亡亡望望望望
6급 167 망	亡	亡	亡	亡	망할 **망**	亠부 총3획 상형문자	丶亠亡
7급 168 매	每	每	每	每	매양 **매**	母부 총7획 상형문자	丿亠𠂉毋每每每
5급 169 매	賣	賣	賣	賣	팔 **매**	貝부 총15획 회의문자	一十士吉吉吉吉吉吉吉吉吉賣賣賣
5급 170 면	勉	勉	勉	勉	힘쓸 **면**	力부 총9획 형성문자	丿𠂉㐅免免免免勉勉
9급 171 면	面	面	面	面	낯 **면**	面부 총9획 상형문자	一丆冂面面面面面面
8급 172 명	名	名	名	名	이름 **명**	口부 총6획 회의문자	丿夕夕夕名名
7급 173 명	命	命	命	命	목숨 **명**	口부 총8획 회의문자	丿人亼亼合合命命
7급 174 명	明	明	明	明	밝을 **명**	日부 총8획 회의문자	丨冂日日明明明明
9급 175 모	母	母	母	母	어미 **모**	母부 총5획 상형문자	乚𠙹毋母母
8급 176 모	毛	毛	毛	毛	터럭(털) **모**	毛부 총4획 상형문자	丿二三毛
9급 177 목	木	木	木	木	나무 **목**	木부 총4획 상형문자	一十才木
9급 178 목	目	目	目	目	눈 **목**	目부 총5획 상형문자	丨冂月目目
7급 179 무	武	武	武	武	군인 **무**	止부 총8획 회의문자	一二干干产正武武
5급 180 무	務	務	務	務	힘쓸 **무**	力부 총11획 형성문자	𠃍マ𠄌予矛矛矛務務務

지금까지 배운 내용을 문제로 풀어보세요

연습문제 3

01-03 다음 한자(漢字)의 부수(部首)는 무엇입니까?

01 勞 : ① 火   ② 力   ③ 冖   ④ 万   ⑤ 人
02 路 : ① 口   ② 各   ③ 足   ④ 夂   ⑤ 止
03 每 : ① 亠   ② 母   ③ 口   ④ 一   ⑤ 丿

04-06 다음 한자(漢字)의 획수(劃數)는 모두 몇 획입니까?

04 東 : ① 6   ② 7   ③ 8   ④ 9   ⑤ 10
05 登 : ① 9   ② 10 ③ 11 ④ 12 ⑤ 13
06 料 : ① 8   ② 9   ③ 10 ④ 11 ⑤ 12

07-08 다음 필순(筆順)에 대한 설명에 가장 알맞은 한자(漢字)는 어느 것입니까?

07 왼쪽에서 오른쪽으로 쓴다.
　 ① 落   ② 來   ③ 等   ④ 亡   ⑤ 冷

08 위에서 아래로 쓴다.
　 ① 流   ② 末   ③ 陸   ④ 林   ⑤ 理

09-18 다음 한자(漢字)의 음(音)은 무엇입니까?

09 動 : ① 란   ② 락   ③ 두   ④ 동   ⑤ 량
10 得 : ① 득   ② 양   ③ 력   ④ 려   ⑤ 등
11 路 : ① 련   ② 로   ③ 록   ④ 론   ⑤ 리
12 頭 : ① 동   ② 등   ③ 돈   ④ 득   ⑤ 두
13 來 : ① 래   ② 동   ③ 로   ④ 록   ⑤ 말
14 萬 : ① 마   ② 막   ③ 망   ④ 만   ⑤ 리
15 面 : ① 론   ② 면   ③ 리   ④ 매   ⑤ 률
16 命 : ① 매   ② 망   ③ 무   ④ 립   ⑤ 명
17 料 : ① 료   ② 류   ③ 리   ④ 론   ⑤ 례
18 留 : ① 류   ② 료   ③ 만   ④ 면   ⑤ 목

19-23 다음의 음(音)을 가진 한자(漢字)는 어느 것입니까?

19 렬 : ① 禮   ② 列   ③ 兩   ④ 良   ⑤ 務
20 련 : ① 登   ② 旅   ③ 老   ④ 連   ⑤ 名
21 랭 : ① 來   ② 冷   ③ 量   ④ 等   ⑤ 滿
22 류 : ① 勉   ② 立   ③ 武   ④ 馬   ⑤ 流
23 리 : ① 每   ② 里   ③ 林   ④ 命   ⑤ 明

Exercise

24-33 다음 한자(漢字)의 뜻은 무엇입니까?

24 卵 : ① 알　② 콩　③ 말　④ 땅콩　⑤ 좁쌀

25 落 : ① 내려가다　② 떨어지다　③ 일어나다　④ 뒤집히다　⑤ 다스리다

26 歷 : ① 일하다　② 오르다　③ 벌이다　④ 어질다　⑤ 지나다

27 頭 : ① 발　② 가슴　③ 다리　④ 머리　⑤ 얼굴

28 登 : ① 눕다　② 내리다　③ 달리다　④ 오르다　⑤ 하여금

29 律 : ① 일만　② 목숨　③ 바다　④ 법칙　⑤ 겨울

30 馬 : ① 소　② 말　③ 수풀　④ 여섯　⑤ 끝단

31 面 : ① 낯　② 뭍　③ 마을　④ 요금　⑤ 호반

32 流 : ① 그치다　② 논하다　③ 바라다　④ 멈추다　⑤ 흐르다

33 林 : ① 풀　② 나무　③ 수풀　④ 일만　⑤ 매양

34-38 다음의 뜻을 가진 한자(漢字)는 어느 것입니까?

34 무리 : ① 禮　② 量　③ 等　④ 得　⑤ 斗

35 힘 : ① 望　② 良　③ 豆　④ 力　⑤ 利

36 동녘 : ① 冬　② 來　③ 賣　④ 東　⑤ 亡

37 머무르다 : ① 滿　② 流　③ 例　④ 料　⑤ 留

38 다스리다 : ① 萬　② 末　③ 里　④ 理　⑤ 勞

39-48 다음 한자어(漢字語)의 음(音)은 무엇입니까?

39 動作 : ① 동력　② 자동　③ 가작　④ 동작　⑤ 운동

40 東洋 : ① 원양　② 서양　③ 동서　④ 남한　⑤ 동양

41 利得 : ① 이용　② 취득　③ 이득　④ 득실　⑤ 이해

42 落第 : ① 말엽　② 낙제　③ 작심　④ 상엽　⑤ 낙정

43 樂觀 : ① 낙관　② 경관　③ 가관　④ 낙원　⑤ 약관

44 服務 : ① 사무　② 실무　③ 업무　④ 책무　⑤ 복무

45 流行 : ① 교류　② 전류　③ 유행　④ 급류　⑤ 유급

46 陸軍 : ① 육로　② 대륙　③ 상륙　④ 육군　⑤ 육지

47 法律 : ① 율동　② 법률　③ 자율　④ 타율　⑤ 율법

48 原理 : ① 원료　② 천리　③ 읍리　④ 이상　⑤ 원리

49-50 다음 단어들의 '□' 에 공통으로 들어갈 알맞은 한자(漢字)는 어느 것입니까?

49 未□, □訪, 由□ : ① 樂　② 冷　③ 良　④ 來　⑤ 毛

50 結□, 言□, 議□ : ① 命　② 論　③ 立　④ 末　⑤ 母

8급 181 무	無	無	無	無	없을 무	灬=火부 총12획 회의문자	ノ 亠 广 仁 仨 冊 冊 無 無 無 無 無
5급 182 무	舞	舞	舞	舞	춤출 무	舛부 총14획 상형문자	ノ 亠 广 仁 仨 冊 冊 無 無 舞 舞 舞 舞 舞
9급 183 문	門	門	門	門	문 문	門부 총8획 상형문자	l ㄇ ㄇ 門 門 門 門 門
6급 184 문	問	問	問	問	물을 문	口부 총11획 형성문자	l ㄇ ㄇ 門 門 門 門 門 問 問 問
7급 185 문	聞	聞	聞	聞	들을 문	耳부 총14획 회의문자	l ㄇ ㄇ 門 門 門 門 門 問 問 問 聞 聞 聞
9급 186 문	文	文	文	文	글월 문	文부 총4획 상형문자	丶 一 ナ 文
7급 187 물	物	物	物	物	물건 물	牛부 총8획 형성문자	ノ ㇓ ㇓ 牛 牜 物 物 物
7급 188 미	美	美	美	美	아름다울 미	羊부 총9획 회의문자	丶 丷 ㇓ 丷 兰 美 美 美 美
5급 189 미	米	米	米	米	쌀 미	米부 총6획 상형문자	丶 丷 ㇓ 半 米 米
6급 190 미	未	未	未	未	아닐 미	木부 총5획 상형문자	一 二 丰 未 未
5급 191 미	味	味	味	味	맛 미	口부 총8획 형성문자	l ㄇ 口 口' 吁 吁 味 味
8급 192 민	民	民	民	民	백성 민	氏부 총5획 상형문자	㇗ ㄱ ㇕ 民 民
5급 193 밀	密	密	密	密	빽빽할 밀	宀부 총11획 형성문자	丶 宀 宀 宁 宓 宓 宓 宓 密 密 密
7급 194 반	反	反	反	反	돌이킬 반	又부 총4획 회의문자	一 厂 厂 反
7급 195 반	半	半	半	半	반 반	十부 총5획 회의문자	丶 丷 丷 二 半

6급 196 발	發	필 발	癶부 총12획 형성문자	㇀ ㇀ ㇏ ㇏ 癶 癶 癶 癶 發 發 發 發
8급 197 방	方	모 방	方부 총4획 상형문자	㇀ 一 方 方
7급 198 방	放	놓을 방	攵=攴부 총8획 형성문자	㇀ 一 方 方 方 放 放 放
5급 199 방	訪	찾을 방	言부 총11획 형성문자	㇀ 一 ㇀ 言 言 言 言 訪 訪 訪
5급 200 방	防	막을 방	阝=阜부 총7획 형성문자	㇀ 阝 阝 阝 阝 防 防
5급 201 배	拜	절 배	手부 총9획 회의문자	㇀ 二 三 手 手 手 手 拜 拜
8급 202 백	白	흰 백	白부 총5획 상형문자	㇀ 白 白 白 白
8급 203 백	百	일백 백	白부 총6획 형성문자	一 ㇀ 百 百 百 百
7급 204 번	番	차례 번	田부 총12획 회의문자	㇀ 二 ㇀ 二 平 乎 采 采 番 番 番 番
8급 205 법	法	법 법	氵=水부 총8획 회의문자	㇀ 氵 氵 氵 汁 注 法 法
5급 206 변	變	변할 변	言부 총23획 형성문자	(23획 필순)
6급 207 별	別	다를 별	刂=刀부 총7획 회의문자	㇀ 口 口 尸 另 別 別
7급 208 병	病	병 병	疒부 총10획 형성문자	㇀ 二 广 广 广 疒 疒 病 病 病
8급 209 병	兵	병사 병	八부 총7획 회의문자	㇀ 二 厂 斤 斤 兵 兵
7급 210 보	保	지킬 보	亻=人부 총9획 회의문자	㇀ 亻 亻 仁 仁 伊 伊 保 保

7급 211 보	步	걸음 보	止부 총7획 회의문자	一 ト 止 止 牛 步 步
6급 212 보	報	갚을 보	土부 총12획 회의문자	一 十 士 去 去 幸 幸 剌 郣 報 報
6급 213 복	福	복 복	示부 총14획 형성문자	一 亠 亍 礻 礻 礻 礻 礻 福 福 福 福
7급 214 복	服	옷 복	月부 총8획 형성문자	) 刀 月 月 月 肝 服 服
6급 215 복	復	회복할 복/다시 부	彳부 총12획 형성문자	′ ク 彳 彳 彳 扩 徂 徂 復 復
8급 216 본	本	근본 본	木부 총5획 지사문자	一 十 才 木 本
7급 217 봉	奉	받들 봉	大부 총8획 회의문자	一 二 三 丰 夫 表 表 奉
9급 218 부	夫	지아비 부	大부 총4획 상형문자	一 二 ナ 夫
9급 219 부	父	아비 부	父부 총4획 상형문자	′ ハ グ 父
6급 220 부	富	부자 부	宀부 총12획 형성문자	′ 宀 宀 宀 宀 宀 宮 宮 宮 富 富
6급 221 부	婦	며느리 부	女부 총11획 회의문자	ㄥ 女 女 女 女 妇 妇 娇 婦 婦
8급 222 북	北	북녘 북	匕부 총5획 상형문자	丨 ⺾ 丬 圠 北
8급 223 분	分	나눌 분	刀부 총4획 회의문자	′ 八 分 分
8급 224 불	不	아닐 불(부)	一부 총4획 상형문자	一 フ 不 不
7급 225 비	比	견줄 비	比부 총4획 상형문자	一 上 比 比

7급 226 비	非	아닐 비	非부 총8획 상형문자	ノ ナ 키 丰 非 非 非 非
6급 227 비	備	갖출 비	亻=人부 총12획 회의문자	ノ 亻 亻 亻 什 併 併 併 備 備 備 備
5급 228 비	飛	날 비	飛부 총9획 상형문자	㇈ ㇈ ㇈ 飞 飞 飛 飛 飛 飛
5급 229 빙	氷	얼음 빙	水부 총5획 회의문자	ノ 丨 키 氷 氷
7급 230 사	師	스승 사	巾부 총10획 회의문자	´ ´ ŕ ŕ 自 自 自 師 師 師
7급 231 사	死	죽을 사	歹부 총6획 회의문자	一 ア 万 歹 死 死
6급 232 사	思	생각 사	心부 총9획 회의문자	丨 口 日 田 田 思 思 思 思
8급 233 사	事	일 사	丨부 총8획 상형문자	一 ア 亘 亘 写 写 写 事
6급 234 사	仕	섬길 사	亻=人부 총5획 형성문자	ノ 亻 亻 什 仕
5급 235 사	使	하여금 사	亻=人부 총8획 형성문자	ノ 亻 亻 亻 佂 佂 佂 使 使
5급 236 사	寺	절 사	寸부 총6획 회의문자	一 十 土 丰 寺 寺
5급 237 사	射	쏠 사	寸부 총10획 회의문자	´ ´ ń ń 自 身 身 身 射 射
8급 238 사	四	넉 사	口부 총5획 지사문자	丨 冂 冂 四 四
8급 239 사	士	선비 사	士부 총3획 상형문자	一 十 士
8급 240 사	史	역사 사	口부 총5획 회의문자	丨 口 口 史 史

연습문제 4

01-03 다음 한자(漢字)의 부수(部首)는 무엇입니까?

01 拜 : ① 三   ② ㅣ   ③ 未   ④ 二   ⑤ 手
02 番 : ① 米   ② 口   ③ 田   ④ 木   ⑤ 十
03 分 : ① 刀   ② 人   ③ 木   ④ 八   ⑤ 分

04-06 다음 한자(漢字)의 획수(劃數)는 모두 몇 획입니까?

04 夫 : ① 3   ② 4   ③ 5   ④ 6   ⑤ 7
05 密 : ① 8   ② 9   ③ 10   ④ 11   ⑤ 12
06 聞 : ① 13   ② 14   ③ 15   ④ 16   ⑤ 17

07-08 다음 필순(筆順)에 대한 설명에 가장 알맞은 한자(漢字)는 어느 것입니까?

07 삐침과 파임이 만날 때는 삐침을 먼저 쓴다.
    ① 法   ② 百   ③ 父   ④ 別   ⑤ 未
08 꿰뚫는 획은 나중에 쓴다.
    ① 土   ② 史   ③ 非   ④ 事   ⑤ 方

09-18 다음 한자(漢字)의 음(音)은 무엇입니까?

09 變 : ① 방   ② 백   ③ 변   ④ 배   ⑤ 비
10 奉 : ① 물   ② 복   ③ 부   ④ 반   ⑤ 봉
11 無 : ① 문   ② 변   ③ 복   ④ 무   ⑤ 분
12 番 : ① 벽   ② 번   ③ 북   ④ 병   ⑤ 변
13 訪 : ① 법   ② 배   ③ 방   ④ 번   ⑤ 밀
14 師 : ① 비   ② 수   ③ 빈   ④ 사   ⑤ 백
15 使 : ① 산   ② 밀   ③ 불   ④ 비   ⑤ 사
16 分 : ① 별   ② 빈   ③ 분   ④ 산   ⑤ 문
17 射 : ① 사   ② 산   ③ 불   ④ 비   ⑤ 부
18 備 : ① 비   ② 분   ③ 빈   ④ 삭   ⑤ 발

19-23 다음의 음(音)을 가진 한자(漢字)는 어느 것입니까?

19 배 : ① 拜   ② 訪   ③ 富   ④ 父   ⑤ 物
20 법 : ① 夫   ② 別   ③ 法   ④ 步   ⑤ 反
21 복 : ① 本   ② 百   ③ 報   ④ 發   ⑤ 服
22 방 : ① 不   ② 防   ③ 山   ④ 死   ⑤ 門
23 빙 : ① 美   ② 史   ③ 事   ④ 氷   ⑤ 兵

Exercise

24-33 다음 한자(漢字)의 뜻은 무엇입니까?

24 百 : ① 일만 ② 희다 ③ 일백 ④ 일천 ⑤ 글월

25 別 : ① 다르다 ② 바르다 ③ 이끌다 ④ 세우다 ⑤ 준비하다

26 報 : ① 치다 ② 갈다 ③ 덮다 ④ 날다 ⑤ 갚다

27 舞 : ① 춤추다 ② 나누다 ③ 하여금 ④ 셈하다 ⑤ 빽빽하다

28 番 : ① 수행 ② 논밭 ③ 차례 ④ 반복 ⑤ 부자

29 非 : ① 옳다 ② 적다 ③ 아니다 ④ 기리다 ⑤ 회복하다

30 備 : ① 갖추다 ② 벌이다 ③ 내리다 ④ 올리다 ⑤ 견주다

31 味 : ① 일 ② 절 ③ 쌀 ④ 맛 ⑤ 걸음

32 不 : ① 날다 ② 가리다 ③ 택하다 ④ 지아비 ⑤ 아니다

33 問 : ① 묻다 ② 있다 ③ 입술 ④ 듣다 ⑤ 없다

34-38 다음의 뜻을 가진 한자(漢字)는 어느 것입니까?

34 찾다 : ① 奉 ② 訪 ③ 拜 ④ 步 ⑤ 民

35 병 : ① 文 ② 別 ③ 婦 ④ 福 ⑤ 病

36 옷 : ① 夫 ② 報 ③ 父 ④ 服 ⑤ 方

37 날다 : ① 史 ② 不 ③ 飛 ④ 未 ⑤ 寺

38 스승 : ① 師 ② 仕 ③ 死 ④ 四 ⑤ 思

39-48 다음 한자어(漢字語)의 음(音)은 무엇입니까?

39 訪問 : ① 방도 ② 방책 ③ 방향 ④ 사방 ⑤ 방문

40 白紙 : ① 백지 ② 백방 ③ 백만 ④ 명백 ⑤ 백문

41 番號 : ① 군번 ② 당번 ③ 번호 ④ 순번 ⑤ 주번

42 變德 : ① 변질 ② 변신 ③ 변화 ④ 변기 ⑤ 변덕

43 別個 : ① 별명 ② 별개 ③ 특별 ④ 차별 ⑤ 별종

44 分明 : ① 분수 ② 분교 ③ 광명 ④ 분명 ⑤ 분책

45 不便 : ① 불리 ② 불편 ③ 불안 ④ 부당 ⑤ 불평

46 雄飛 : ① 웅기 ② 비행 ③ 비보 ④ 비상 ⑤ 웅비

47 米飮 : ① 요소 ② 요약 ③ 미음 ④ 미식 ⑤ 미작

48 奉仕 : ① 급사 ② 봉사 ③ 출사 ④ 봉화 ⑤ 봉급

49-50 다음 단어들의 '□'에 공통으로 들어갈 알맞은 한자(漢字)는 어느 것입니까?

49 學□, 順□, 軍□ :
① 服 ② 復 ③ 別 ④ 放 ⑤ 番

50 守□, □品, □考 :
① 氷 ② 思 ③ 備 ④ 士 ⑤ 北

급수	번호	한자	훈음	부수/획수/구조	필순
9급	241	山	메 산	山부 총3획 상형문자	丨 山 山
6급	242	産	낳을 산	生부 총11획 형성문자	丶 亠 亡 产 产 产 产 库 産 産
6급	243	算	셈할 산	竹부 총14획 회의문자	丿 ⺧ ⺮ 竹 竹 笁 筲 笪 笪 筲 筧 算 算
5급	244	殺	죽일 살	殳부 총11획 형성문자	丿 乂 千 千 乎 杀 杀 杀 殺 殺 殺
8급	245	三	석 삼	一부 총3획 지사문자	一 二 三
8급	246	商	장사 상	口부 총11획 회의문자	丶 亠 亡 产 产 产 产 商 商 商 商
6급	247	相	서로 상	目부 총9획 회의문자	一 十 才 木 朩 相 相 相 相
6급	248	想	생각 상	心부 총13획 형성문자	一 十 才 木 朩 相 相 相 相 相 想 想 想
8급	249	上	윗 상	一부 총3획 지사문자	丨 卜 上
6급	250	賞	상줄 상	貝부 총15획 형성문자	丨 ⺊ ⺌ 屵 屵 屵 尚 尚 尚 尚 賞 賞 賞 賞 賞
5급	251	尙	높일 상	小부 총8획 회의문자	丨 小 小 小 屵 尙 尙 尙
8급	252	色	빛 색	色부 총6획 회의문자	丿 ⺈ 夕 夕 色 色
8급	253	生	날 생	生부 총5획 상형문자	丿 ⺧ 𠂉 牛 生
8급	254	西	서녘 서	襾부 총6획 상형문자	一 ⼕ 襾 襾 西 西
7급	255	序	차례 서	广부 총7획 형성문자	丶 亠 广 庐 庐 庐 序

8급 256 서	書	글 서	日부 총10획 회의문자	ㄱㄱㄹㄹ肀聿書書書書
9급 257 석	夕	저녁 석	夕부 총3획 상형문자	ノクタ
9급 258 석	石	돌 석	石부 총5획 상형문자	一ナ厂石石
6급 259 석	席	자리 석	巾부 총10획 상형문자	丶亠广广产产庐庐席席
6급 260 선	選	가릴 선	辶=辵부 총16획 형성문자	巳巳m m m 兕 兕 巽 巽 選 選 選
6급 261 선	鮮	고울 선	魚부 총17획 회의문자	ノクク各各角魚魚魚魚魚魚魚魚鮮鮮鮮
6급 262 선	船	배 선	舟부 총11획 형성문자	ノ丿丹月月月舟舟舩船船
5급 263 선	仙	신선 선	亻=人부 총5획 회의문자	ノイ亻仙仙
7급 264 선	先	먼저 선	儿부 총6획 회의문자	ノ⺊屮生 先先
7급 265 선	線	줄 선	糸부 총15획 형성문자	ノ幺幺幺糸糸糸糸糸綿綿綿線線線
5급 266 선	善	착할 선	口부 총12획 회의문자	丶丷 ソ 亠 亠 主 羊 羊 美 美 善 善
6급 267 설	雪	눈 설	雨부 총11획 회의문자	一广广广广币雨雨雪雪雪
6급 268 설	說	말씀 설	言부 총14획 형성문자	丶二三言言言言言言言訟訟說說
6급 269 설	設	베풀 설	言부 총11획 회의문자	丶二三言言言言言設設設
7급 270 성	城	재 성	土부 총10획 형성문자	一十土切坊坊城城城

6급 271 성	省	살필 성/덜 생	目부 총9획 회의문자	丿丨小少少省省省省
6급 272 성	星	별 성	日부 총9획 형성문자	丨冂日日旦星星星
6급 273 성	姓	성 성	女부 총8획 형성문자	〈ㄠ女女女'姓姓姓
6급 274 성	誠	정성 성	言부 총14획 형성문자	丶二亠亖言言言訂訂訒誠誠誠
5급 275 성	聲	소리 성	耳부 총17획 회의문자	一十士吉声声声殸殸殸殸聲聲聲
7급 276 성	性	성품 성	忄=心부 총8획 형성문자	丶丨忄忄忄性性性
8급 277 성	成	이룰 성	戈부 총7획 회의문자	丿厂厂万成成成
8급 278 세	世	인간 세	一부 총5획 회의문자	一十卄丗世
5급 279 세	勢	형세 세	力부 총13획 형성문자	一十土吉吉坴剉執執勢勢
6급 280 세	歲	해 세	止부 총13획 회의문자	丨⺊⺊止产产芦芦岁歳歳歳
6급 281 세	洗	씻을 세	氵=水부 총9획 형성문자	丶氵氵汀汁泩洗洗
8급 282 소	少	적을 소	小부 총4획 상형문자	丨小小少
7급 283 소	所	바 소	戶부 총8획 형성문자	丶丷㇇戶戶所所所
7급 284 소	消	사라질 소	氵=水부 총10획 형성문자	丶氵氵汀沙沙泸消消消
7급 285 소	素	본디 소	糸부 총10획 회의문자	一二キ主丰丰素素素素

급수/번호	한자	훈음	부수/획수/구성	필순
8급 286 소	小	작을 소	小부 총3획 상형문자	⽤ 小 小
7급 287 속	俗	풍속 속	亻=人부 총9획 회의문자	ノ 亻 亻 亻 伀 伀 伀 俗 俗
5급 288 속	速	빠를 속	辶=辵부 총11획 형성문자	一 厂 戸 戸 東 束 束 涑 涑 涑 速
6급 289 손	孫	손자 손	子부 총10획 회의문자	㇇ 了 子 子 孑 孫 孫 孫 孫 孫
5급 290 송	送	보낼 송	辶=辵부 총10획 회의문자	ノ 八 八 竺 チ 关 关 送 送 送
9급 291 수	水	물 수	水부 총4획 상형문자	⽤ 水 水 水
9급 292 수	手	손 수	手부 총4획 상형문자	一 二 三 手
6급 293 수	受	받을 수	又부 총8획 회의문자	一 ⼂ ⺈ ⺈ 灬 灬 受 受
5급 294 수	授	줄 수	扌=手부 총11획 형성문자	一 十 扌 扌 扌 扩 扩 护 护 授 授
6급 295 수	守	지킬 수	宀부 총6획 회의문자	丶 丷 宀 宀 守 守
6급 296 수	收	거둘 수	攵=攴부 총6획 형성문자	⼂ ⼁ 丩 丩 收 收
6급 297 수	數	셈 수	攵=攴부 총15획 형성문자	丶 口 甲 日 甲 甼 昌 書 婁 婁 婁 數 數
6급 298 수	首	머리 수	首부 총9획 상형문자	丶 丷 ヽ 个 首 首 首 首 首
6급 299 순	順	순할 순	頁부 총12획 회의문자	ノ 丿 川 ⺁ ⺁ ⺁ 順 順 順 順 順
7급 300 습	習	익힐 습	羽부 총11획 회의문자	㇉ ㇉ ㇉ 刁 刁 ㇉ 羽 羽 習 習 習

연습문제 5

지금까지 배운 내용을 문제로 풀어보세요

01-03 다음 한자(漢字)의 부수(部首)는 무엇입니까?

01 殺 : ① 殳　② 几　③ 木　④ 又　⑤ 殳
02 相 : ① 目　② 木　③ 口　④ 相　⑤ 十
03 性 : ① 丿　② 生　③ 心　④ 二　⑤ 手

04-06 다음 한자(漢字)의 획수(劃數)는 모두 몇 획입니까?

04 雪 : ① 9　② 10　③ 11　④ 12　⑤ 13
05 鮮 : ① 15　② 16　③ 17　④ 18　⑤ 19
06 俗 : ① 7　② 8　③ 9　④ 10　⑤ 11

07-08 다음 필순(筆順)에 대한 설명에 가장 알맞은 한자(漢字)는 어느 것입니까?

07 위에서 아래로 쓴다.
　① 船　② 殺　③ 仙　④ 線　⑤ 三

08 왼쪽과 오른쪽의 모양이 같은 때에는 가운데를 먼저 쓴다.
　① 說　② 省　③ 星　④ 小　⑤ 先

09-18 다음 한자(漢字)의 음(音)은 무엇입니까?

09 賞 : ① 삭　② 석　③ 서　④ 상　⑤ 소
10 色 : ① 상　② 색　③ 선　④ 삼　⑤ 설
11 鮮 : ① 상　② 삼　③ 사　④ 산　⑤ 선
12 雪 : ① 산　② 성　③ 설　④ 선　⑤ 동
13 商 : ① 설　② 색　③ 상　④ 선　⑤ 수
14 誠 : ① 상　② 소　③ 설　④ 성　⑤ 서
15 設 : ① 세　② 성　③ 설　④ 소　⑤ 생
16 速 : ① 손　② 선　③ 성　④ 석　⑤ 속
17 素 : ① 소　② 수　③ 성　④ 세　⑤ 손
18 說 : ① 속　② 소　③ 설　④ 세　⑤ 살

19-23 다음의 음(音)을 가진 한자(漢字)는 어느 것입니까?

19 상 : ① 選　② 生　③ 三　④ 尙　⑤ 姓
20 서 : ① 善　② 西　③ 仙　④ 先　⑤ 收
21 석 : ① 書　② 三　③ 夕　④ 色　⑤ 所
22 성 : ① 俗　② 世　③ 歲　④ 首　⑤ 星
23 세 : ① 城　② 成　③ 勢　④ 省　⑤ 送

Exercise

24-33 다음 한자(漢字)의 뜻은 무엇입니까?

24 選 : ① 그르다 ② 살피다 ③ 채우다
　　　　④ 만들다 ⑤ 가리다

25 生 : ① 걷다 ② 서다 ③ 기다
　　　　④ 나다 ⑤ 덜다

26 石 : ① 돌 ② 산 ③ 색
　　　　④ 물 ⑤ 성

27 殺 : ① 새기다 ② 지우다 ③ 살리다
　　　　④ 거두다 ⑤ 죽이다

28 想 : ① 신념 ② 생각 ③ 느낌
　　　　④ 감정 ⑤ 장사

29 素 : ① 말씀 ② 불다 ③ 적다
　　　　④ 본디 ⑤ 행세

30 順 : ① 길다 ② 풍속 ③ 젖다
　　　　④ 쓰다 ⑤ 순하다

31 成 : ① 별 ② 성 ③ 정성
　　　　④ 소리 ⑤ 이루다

32 設 : ① 베풀다 ② 살피다 ③ 내리다
　　　　④ 지키다 ⑤ 사라지다

33 性 : ① 성인 ② 성품 ③ 말씀
　　　　④ 정성 ⑤ 서로

34-38 다음의 뜻을 가진 한자(漢字)는 어느 것입니까?

34 익히다 : ① 席 ② 三 ③ 習 ④ 相 ⑤ 孫

35 차례 : ① 雪 ② 序 ③ 色 ④ 線 ⑤ 授

36 곱다 : ① 數 ② 賞 ③ 船 ④ 鮮 ⑤ 收

37 살피다 : ① 姓 ② 誠 ③ 省 ④ 城 ⑤ 勢

38 적다 : ① 所 ② 消 ③ 洗 ④ 小 ⑤ 少

39-48 다음 한자어(漢字語)의 음(音)은 무엇입니까?

39 殺害 : ① 피해 ② 살인 ③ 살해 ④ 암살 ⑤ 살충

40 賞金 : ① 상금 ② 상품 ③ 입금 ④ 대상 ⑤ 상장

41 感想 : ① 가상 ② 감격 ③ 상념 ④ 감각 ⑤ 감상

42 相對 : ① 실상 ② 상반 ③ 상대 ④ 진상 ⑤ 상응

43 商品 : ① 상인 ② 대상 ③ 상점 ④ 상품 ⑤ 상혼

44 說明 : ① 문명 ② 설득 ③ 설명 ④ 정설 ⑤ 발명

45 設立 : ① 기립 ② 설립 ③ 설계 ④ 가설 ⑤ 정립

46 個性 : ① 개성 ② 개별 ③ 천성 ④ 성능 ⑤ 성격

47 反省 : ① 가성 ② 성찰 ③ 생략 ④ 반대 ⑤ 반성

48 成果 : ① 실과 ② 성공 ③ 완성 ④ 성과 ⑤ 과실

49-50 다음 단어들의 '□'에 공통으로 들어갈 알맞은 한자(漢字)는 어느 것입니까?

49 讀□, □體, □面 :
　① 善 ② 書 ③ 生 ④ 西 ⑤ 守

50 音□, 和□, 發□ :
　① 聲 ② 成 ③ 俗 ④ 勢 ⑤ 上

5급 301 승	勝	이길 승	力부 총12획 형성문자	丿 刀 月 月 月 肝 胖 胖 朕 朕 勝 勝
5급 302 시	施	베풀 시	方부 총9획 형성문자	丶 亠 方 方 扩 㫃 斿 施 施
5급 303 시	視	볼 시	見부 총12획 형성문자	丶 亠 亍 示 示 示 和 和 和 祖 視 視
7급 304 시	始	비로소 시	女부 총8획 형성문자	〈 女 女 女 如 如 始 始
8급 305 시	市	시장 시	巾부 총5획 형성문자	丶 亠 广 方 市
8급 306 시	示	보일 시	示부 총5획 상형문자	一 二 亍 示 示
6급 307 시	是	옳을 시	日부 총9획 회의문자	丨 冂 日 日 旦 早 昰 昰 是
7급 308 시	時	때 시	日부 총10획 형성문자	丨 冂 日 日 日 旪 昀 時 時 時
7급 309 시	詩	시 시	言부 총13획 형성문자	丶 亠 亍 言 言 言 言 訃 討 詩 詩 詩
6급 310 식	植	심을 식	木부 총12획 형성문자	一 十 才 木 木 杧 枦 柿 柿 植 植 植
5급 311 식	識	알 식	言부 총19획 형성문자	丶 亠 亍 言 言 言 言 訁 訟 諳 諳 諳 諳 識 識 識
6급 312 식	式	법 식	弋부 총6획 형성문자	一 二 亍 式 式 式
8급 313 식	食	밥 식	食부 총9획 회의문자	丿 人 仌 今 今 令 令 食 食
8급 314 신	臣	신하 신	臣부 총6획 상형문자	一 丆 丆 丞 臣 臣
7급 315 신	信	믿을 신	亻=人부 총9획 회의문자	丿 亻 亻 广 仁 信 信 信 信

5급 316 신	新	새 신	斤부 총13획 형성문자	` ㅗ ㅛ ㅛ 프 후 辛 亲 亲 新 新 新
9급 317 신	身	몸 신	身부 총7획 상형문자	' ノ 斤 斤 乌 身 身
7급 318 신	神	귀신 신	示부 총10획 형성문자	` ㅡ ㅜ ㅜ ネ 祀 神 神 神 神
8급 319 실	失	잃을 실	大부 총5획 상형문자	' ㅗ ㅗ 失 失
7급 320 실	室	집 실	宀부 총9획 회의문자	` ` 宀 宀 宊 宕 室 室 室
7급 321 실	實	열매 실	宀부 총14획 회의문자	` ` 宀 宀 宁 宇 宇 宙 實 實 實 實 實 實
9급 322 심	心	마음 심	心부 총4획 상형문자	' 心 心 心
8급 323 십	十	열 십	十부 총2획 지사문자	一 十
5급 324 씨	氏	성씨 씨	氏부 총4획 상형문자	' 厂 F 氏
9급 325 아	兒	아이 아	儿부 총8획 상형문자	' ィ 丘 丘 臼 臼 兒 兒
7급 326 안	安	편안 안	宀부 총6획 회의문자	` ` 宀 宀 安 安
7급 327 안	案	책상 안	木부 총10획 형성문자	` ` 宀 宀 安 安 安 案 案 案
5급 328 애	愛	사랑 애	心부 총13획 형성문자	' ` ㅜ ㅜ ㅉ ㅉ 忽 忽 忽 愛 愛 愛 愛
5급 329 야	夜	밤 야	夕부 총8획 형성문자	` 一 广 广 疒 存 夜 夜
7급 330 야	野	들 야	里부 총11획 형성문자	' 口 曰 曰 甲 里 里 野 野 野 野

5급 331 약	若	같을 약	++=艸부 총9획 회의문자	若
7급 332 약	約	약속할 약	糸부 총9획 형성문자	約
7급 333 약	藥	약 약	++=艸부 총19획 형성문자	藥
5급 334 약	弱	약할 약	弓부 총10획 회의문자	弱
9급 335 양	羊	양 양	羊부 총6획 상형문자	羊
7급 336 양	洋	큰바다 양	氵=水부 총9획 형성문자	洋
7급 337 양	養	기를 양	食부 총15획 회의문자	養
6급 338 양	陽	볕 양	阝=阜부 총12획 형성문자	陽
9급 339 어	魚	고기 어	魚부 총11획 상형문자	魚
6급 340 어	語	말씀 어	言부 총14획 형성문자	語
5급 341 어	漁	고기잡을 어	氵=水부 총14획 형성문자	漁
8급 342 언	言	말씀 언	言부 총7획 회의문자	言
8급 343 업	業	일 업	木부 총13획 상형문자	業
5급 344 역	易	바꿀 역/쉬울 이	日부 총8획 상형문자	易
5급 345 역	逆	거스를 역	辶=辵부 총10획 형성문자	逆

5급 346 연	然	그럴 연	灬=火부 총12획 회의문자	ノ ク タ 夕 夕 夗 妖 然 然 然 然 然
5급 347 연	硏	갈 연	石부 총11획 형성문자	一 ア 丆 石 石 石 研 研 研 研
7급 348 열	熱	더울 열	灬=火부 총15획 형성문자	一 十 士 去 去 去 幸 刲 刲 埶 埶 埶 埶 熱 熱
6급 349 영	永	길 영	水부 총5획 상형문자	` 亅 汀 永 永
6급 350 영	英	꽃부리 영	++=艸부 총9획 형성문자	一 艹 丱 节 苎 苎 莁 英
5급 351 영	榮	영화 영	木부 총14획 형성문자	` ′ ″ ‴ ⺌ ⺌⺌ ⺌⺌⺌ 炏 炏 炏 焣 榮 榮 榮
5급 352 예	藝	재주 예	++=艸부 총19획 형성문자	一 艹 艹 艹 艹 莉 艻 茎 茎 埶 埶 埶 埶 埶 藝 藝 藝
8급 353 오	五	다섯 오	二부 총4획 상형문자	一 丆 五 五
5급 354 오	烏	까마귀 오	灬=火부 총10획 상형문자	' ′ ″ 户 户 烏 烏 烏 烏 烏
8급 355 오	午	낮 오	十부 총4획 상형문자	' ′ ‐ 午
9급 356 옥	玉	구슬 옥	玉부 총5획 상형문자	一 二 干 王 玉
5급 357 옥	屋	집 옥	尸부 총9획 회의문자	' ′ 尸 尸 屋 屋 屋 屋 屋
5급 358 온	溫	따뜻할 온	氵=水부 총13획 형성문자	` ′ 氵 氵 汩 汩 汩 泗 温 温 温 温 温
6급 359 완	完	완전할 완	宀부 총7획 형성문자	` ′ 宀 宀 宀 宁 完
9급 360 왕	王	임금 왕	王=玉부 총4획 상형문자	一 二 干 王

연습문제 6

01-03 다음 한자(漢字)의 부수(部首)는 무엇입니까?

01 食 : ①人 ②白 ③良 ④食 ⑤日
02 新 : ①木 ②斤 ③立 ④十 ⑤二
03 約 : ①一 ②勺 ③小 ④玄 ⑤糸

04-06 다음 한자(漢字)의 획수(劃數)는 모두 몇 획입니까?

04 夜 : ①6 ②7 ③8 ④9 ⑤10
05 安 : ①4 ②5 ③6 ④7 ⑤8
06 永 : ①3 ②4 ③5 ④6 ⑤7

07-08 다음 필순(筆順)에 대한 설명에 가장 알맞은 한자(漢字)는 어느 것입니까?

07 오른쪽 위의 점은 나중에 찍는다.
　　①室　②式　③身　④無　⑤視

08 꿰뚫는 획은 나중에 쓴다.
　　①語　②熱　③魚　④完　⑤羊

09-18 다음 한자(漢字)의 음(音)은 무엇입니까?

09 若 : ①안 ②약 ③애 ④야 ⑤악
10 愛 : ①심 ②신 ③실 ④애 ⑤야
11 藝 : ①예 ②아 ③식 ④신 ⑤안
12 食 : ①십 ②식 ③신 ④심 ⑤실
13 植 : ①실 ②아 ③악 ④심 ⑤식
14 然 : ①어 ②연 ③양 ④락 ⑤언
15 陽 : ①억 ②연 ③양 ④액 ⑤역
16 易 : ①역 ②안 ③약 ④연 ⑤양
17 始 : ①십 ②식 ③신 ④심 ⑤시
18 約 : ①양 ②연 ③약 ④역 ⑤안

19-23 다음의 음(音)을 가진 한자(漢字)는 어느 것입니까?

19 식 : ①式 ②愛 ③新 ④心 ⑤研
20 실 : ①安 ②野 ③實 ④十 ⑤榮
21 시 : ①兒 ②室 ③植 ④語 ⑤施
22 역 : ①弱 ②然 ③逆 ④屋 ⑤是
23 업 : ①勝 ②溫 ③羊 ④言 ⑤業

Exercise

24-33 다음 한자(漢字)의 뜻은 무엇입니까?

24 實 : ① 뿌리　② 줄기　③ 열매
　　　④ 나무　⑤ 나뭇잎

25 烏 : ① 새　② 섬　③ 타조
　　　④ 까마귀　⑤ 외딴집

26 安 : ① 편안　② 불안　③ 불행
　　　④ 행복　⑤ 현명

27 植 : ① 곧다　② 나무　③ 식순
　　　④ 심다　⑤ 시험

28 神 : ① 신하　② 보다　③ 펴다
　　　④ 영혼　⑤ 귀신

29 漁 : ① 양　② 고기　③ 고기잡다
　　　④ 사냥하다　⑤ 자리잡다

30 研 : ① 묶다　② 치다　③ 갈다
　　　④ 박다　⑤ 재다

31 永 : ① 약속　② 길다　③ 얼음
　　　④ 춥다　⑤ 비로소

32 藥 : ① 줄　② 잎　③ 실
　　　④ 약　⑤ 들

33 養 : ① 낳다　② 이기다　③ 자라다
　　　④ 이르다　⑤ 기르다

34-38 다음의 뜻을 가진 한자(漢字)는 어느 것입니까?

34 신하 : ① 式　② 臣　③ 食　④ 玉　⑤ 勝

35 집 : ① 室　② 十　③ 心　④ 詩　⑤ 完

36 들 : ① 施　② 案　③ 夜　④ 野　⑤ 識

37 영화 : ① 熱　② 弱　③ 然　④ 英　⑤ 榮

38 성씨 : ① 氏　② 言　③ 語　④ 養　⑤ 洋

39-48 다음 한자어(漢字語)의 음(音)은 무엇입니까?

39 植物 : ① 건물　② 식수　③ 식물　④ 이식　⑤ 나물

40 溫度 : ① 온도　② 온순　③ 온화　④ 온수　⑤ 정도

41 精神 : ① 신기　② 정기　③ 실신　④ 신경　⑤ 정신

42 通信 : ① 신용　② 신의　③ 신념　④ 통신　⑤ 통화

43 最新 : ① 신문　② 신록　③ 최신　④ 신년　⑤ 최근

44 藥品 : ① 약선　② 약수　③ 약방　④ 약초　⑤ 약품

45 節約 : ① 공약　② 절약　③ 기약　④ 약속　⑤ 절제

46 教養 : ① 양성　② 양친　③ 교양　④ 봉양　⑤ 양육

47 太陽 : ① 석양　② 양기　③ 양지　④ 태음　⑤ 태양

48 海洋 : ① 해양　② 원양　③ 대양　④ 해면　⑤ 해수

49-50 다음 단어들의 '□'에 공통으로 들어갈 알맞은 한자(漢字)는 어느 것입니까?

49 面□, 知□, □見 :
　　① 新　② 心　③ 十　④ 識　⑤ 時

50 強□, □小, □體 :
　　① 熱　② 新　③ 弱　④ 研　⑤ 失

5급 361 왕	往	往	往	往	갈 왕	彳부 총8획 형성문자	ノ ノ 彳 彳 彳 往 往 往
8급 362 외	外	外	外	外	바깥 외	夕부 총5획 회의문자	ノ ク タ 外 外
7급 363 요	要	要	要	要	요긴할 요	襾부 총9획 상형문자	一 厂 厂 厂 厂 西 要 要 要
5급 364 욕	浴	浴	浴	浴	목욕할 욕	氵=水부 총10획 회의문자	丶 丶 氵 氵 氵 浴 浴 浴 浴 浴
8급 365 용	用	用	用	用	쓸 용	用부 총5획 상형문자	ノ 冂 月 月 用
5급 366 용	勇	勇	勇	勇	날랠 용	力부 총9획 형성문자	一 厂 厂 丙 丙 丙 面 禹 勇
8급 367 용	容	容	容	容	얼굴 용	宀부 총10획 회의문자	丶 宀 宀 宀 宀 宀 突 突 容 容
6급 368 우	右	右	右	右	오른쪽 우	口부 총5획 회의문자	ノ ナ 才 右 右
9급 369 우	牛	牛	牛	牛	소 우	牛부 총4획 상형문자	ノ 𠂉 二 牛
7급 370 우	友	友	友	友	벗 우	又부 총4획 회의문자	一 ナ 方 友
9급 371 우	雨	雨	雨	雨	비 우	雨부 총8획 상형문자	一 厂 厂 厂 雨 雨 雨 雨
5급 372 우	宇	宇	宇	宇	집 우	宀부 총6획 형성문자	丶 宀 宀 宀 宇 宇
7급 373 운	雲	雲	雲	雲	구름 운	雨부 총12획 형성문자	一 厂 厂 厂 雨 雨 雪 雪 雲 雲 雲
6급 374 운	運	運	運	運	옮길 운	辶=辵부 총13획 형성문자	丶 丶 冖 冖 冃 冒 軍 軍 軍 軍 運 運 運
5급 375 웅	雄	雄	雄	雄	수컷 웅	隹부 총12획 형성문자	一 ナ 厷 厷 厷 雄 雄 雄 雄 雄 雄 雄

급수	한자	훈음	부수/획수/분류	필순
8급 376 원	元	으뜸 원	儿부 총4획 회의문자	一 二 テ 元
8급 377 원	原	언덕 원	厂부 총10획 회의문자	一 厂 厂 厂 匚 匚 匠 原 原 原
5급 378 원	遠	멀 원	辶=辵부 총14획 형성문자	一 十 土 + 吉 吉 吉 声 袁 袁 `袁 遠 遠 遠
6급 379 원	園	동산 원	囗부 총13획 형성문자	丨 冂 冂 冂 円 甲 周 周 周 園 園 園 園
5급 380 원	願	원할 원	頁부 총19획 형성문자	一 厂 厂 厂 匚 匚 匚 原 原 原 原 願 願 願 願 願
9급 381 월	月	달 월	月부 총4획 상형문자	丿 冂 月 月
8급 382 위	位	자리 위	亻=人부 총7획 회의문자	丿 亻 亻 亻 仂 位 位
5급 383 위	爲	할 위	爫=爪부 총12획 상형문자	一 ノ 爫 爫 爫 爫 爲 爲 爲 爲 爲 爲
8급 384 유	由	말미암을 유	田부 총5획 상형문자	丨 冂 曰 由 由
6급 385 유	油	기름 유	氵=水부 총8획 형성문자	丶 冫 氵 氵 汨 汨 油 油
8급 386 유	有	있을 유	月부 총6획 형성문자	丿 ナ 才 冇 有 有
5급 387 유	遺	남길 유	辶=辵부 총16획 형성문자	丶 冖 口 中 虫 虫 丰 丰 青 貴 貴 貴 貴 遺 遺 遺
8급 388 육	肉	고기 육	肉부 총6획 상형문자	丨 冂 冂 内 肉 肉
7급 389 육	育	기를 육	月=肉부 총8획 회의문자	丶 亠 云 云 亠 育 育 育
6급 390 은	恩	은혜 은	心부 총10획 형성문자	丨 冂 冂 円 因 因 因 恩 恩 恩

02 한자 쓰기 연습

7급 391 은	銀	은 은	金부 총14획 형성문자	ノ 人 ㅅ 쏘 쏘 쑤 金 金 釒 釘 鈤 銀 銀
8급 392 음	音	소리 음	音부 총9획 지사문자	丶 亠 ㅜ 立 产 音 音 音
5급 393 음	飮	마실 음	食부 총13획 형성문자	ノ 人 人 人 今 今 令 食 食 飣 飮 飮
8급 394 읍	邑	고을 읍	邑부 총7획 회의문자	丨 口 口 므 므 뮤 邑
6급 395 응	應	응할 응	心부 총17획 회의문자	丶 亠 广 广 广 庐 府 府 庐 庐 雁 雁 雁 應 應
9급 396 의	衣	옷 의	衣부 총6획 상형문자	丶 亠 产 衣 衣 衣
6급 397 의	義	옳을 의	羊부 총13획 회의문자	丶 亠 ㅛ 羊 羊 羔 羔 羔 義 義 義
6급 398 의	議	의논할 의	言부 총20획 형성문자	丶 亠 子 言 言 言 言 言 詳 詳 詳 詳 詳 議 議 議
7급 399 의	醫	의원 의	酉부 총18획 회의문자	一 ㄷ 下 두 됴 뚝 殹 殹 殿 殿 醫 醫 醫 醫 醫
7급 400 의	意	뜻 의	心부 총13획 회의문자	丶 亠 ㅜ 立 产 音 音 音 意 意 意
8급 401 이	二	두 이	二부 총2획 지사문자	一 二
7급 402 이	耳	귀 이	耳부 총6획 상형문자	一 ㄷ 下 F 王 耳
6급 403 이	移	옮길 이	禾부 총11획 형성문자	ノ 二 千 禾 禾 矛 移 移 移 移 移
5급 404 이	以	써 이	人부 총5획 회의문자	丨 レ レ 以 以
6급 405 익	益	더할 익	皿부 총10획 회의문자	丶 八 公 分 癶 代 谷 谷 益 益

급수	한자	훈음	부수/획수/분류	필순
9급 406 인	人	사람 인	人부 총2획 상형문자	ノ 人
8급 407 인	因	인할 인	囗부 총6획 회의문자	丨 冂 冂 円 因 因
6급 408 인	引	끌 인	弓부 총4획 회의문자	⁻ ㄱ 弓 引
5급 409 인	仁	어질 인	亻=人부 총4획 회의문자	ノ 亻 仁 仁
8급 410 일	一	한 일	一부 총1획 지사문자	一
9급 411 일	日	날 일	日부 총4획 상형문자	丨 冂 日 日
8급 412 입	入	들 입	入부 총2획 지사문자	ノ 入
9급 413 자	子	아들 자	子부 총3획 상형문자	ㄱ 了 子
7급 414 자	字	글자 자	子부 총6획 형성문자	丶 丶 宀 宀 字 字
9급 415 자	自	스스로 자	自부 총6획 상형문자	ノ 亻 白 白 自 自
8급 416 자	者	놈 자	耂=老부 총9획 회의문자	一 十 土 耂 耂 耂 者 者 者
7급 417 작	作	지을 작	亻=人부 총7획 회의문자	ノ 亻 亻 亻 作 作 作
9급 418 장	長	길 장	長부 총8획 상형문자	丨 ⁻ ⁻ 丨 丨 토 토 長
6급 419 장	場	마당 장	土부 총12획 형성문자	一 十 土 圤 圬 圬 圬 圬 圬 場 場 場
5급 420 장	將	장수 장	寸부 총11획 형성문자	丨 冫 爿 爿 爿 爿 爿 將 將 將

01-03 다음 한자(漢字)의 부수(部首)는 무엇입니까?

01 移 : ① 木   ② 夕   ③ 禾   ④ 多   ⑤ 十
02 恩 : ① 口   ② 大   ③ 因   ④ 恩   ⑤ 心
03 由 : ① 十   ② 口   ③ 田   ④ 一   ⑤ 二

04-06 다음 한자(漢字)의 획수(劃數)는 모두 몇 획입니까?

04 容 : ① 8   ② 9   ③ 10   ④ 11   ⑤ 12
05 雄 : ① 10   ② 11   ③ 12   ④ 13   ⑤ 14
06 恩 : ① 8   ② 9   ③ 10   ④ 11   ⑤ 12

07-08 다음 필순(筆順)에 대한 설명에 가장 알맞은 한자(漢字)는 어느 것입니까?

07 안과 바깥이 있을 때에는 바깥을 먼저 쓴다.
　　① 宇   ② 勇   ③ 要   ④ 外   ⑤ 園

08 위에서 아래로 쓴다.
　　① 願   ② 用   ③ 二   ④ 油   ⑤ 人

09-18 다음 한자(漢字)의 음(音)은 무엇입니까?

09 願 : ① 오   ② 외   ③ 옥   ④ 온   ⑤ 원
10 往 : ① 온   ② 우   ③ 왕   ④ 용   ⑤ 운
11 雨 : ① 요   ② 우   ③ 욕   ④ 원   ⑤ 용
12 運 : ① 운   ② 우   ③ 웅   ④ 외   ⑤ 원
13 雄 : ① 온   ② 오   ③ 웅   ④ 옥   ⑤ 외
14 元 : ① 유   ② 월   ③ 위   ④ 육   ⑤ 원
15 爲 : ① 위   ② 음   ③ 응   ④ 의   ⑤ 읍
16 銀 : ① 위   ② 은   ③ 이   ④ 유   ⑤ 인
17 義 : ① 의   ② 은   ③ 읍   ④ 음   ⑤ 월
18 音 : ① 육   ② 유   ③ 읍   ④ 이   ⑤ 음

19-23 다음의 음(音)을 가진 한자(漢字)는 어느 것입니까?

19 이 : ① 邑   ② 外   ③ 以   ④ 友   ⑤ 肉
20 용 : ① 園   ② 王   ③ 牛   ④ 勇   ⑤ 因
21 원 : ① 遠   ② 右   ③ 要   ④ 移   ⑤ 宇
22 위 : ① 由   ② 位   ③ 作   ④ 議   ⑤ 入
23 음 : ① 耳   ② 有   ③ 浴   ④ 二   ⑤ 飮

Exercise

24-33 다음 한자(漢字)의 뜻은 무엇입니까?

24 將 : ① 의원　② 마당　③ 보물
　　　④ 장수　⑤ 장하다

25 浴 : ① 온실　② 뜨겁다　③ 마시다
　　　④ 따뜻하다　⑤ 목욕하다

26 遺 : ① 완전　② 고을　③ 으뜸
　　　④ 읊다　⑤ 남기다

27 外 : ① 안　② 내외　③ 바깥
　　　④ 재주　⑤ 알다

28 要 : ① 무겁다　② 두르다　③ 요긴하다
　　　④ 요청하다　⑤ 의논하다

29 仁 : ① 자리　② 고기　③ 어질다
　　　④ 다르다　⑤ 기르다

30 由 : ① 날　② 밭　③ 일
　　　④ 논　⑤ 말미암다

31 有 : ① 없다　② 있다　③ 왼쪽
　　　④ 오른쪽　⑤ 인하다

32 育 : ① 심다　② 고기　③ 기르다
　　　④ 익히다　⑤ 가꾸다

33 恩 : ① 뜻　② 지사　③ 생각
　　　④ 은혜　⑤ 상상

34-38 다음의 뜻을 가진 한자(漢字)는 어느 것입니까?

34 날래다 : ① 用　② 勇　③ 者　④ 油　⑤ 場

35 수컷　 : ① 字　② 雲　③ 雄　④ 往　⑤ 友

36 언덕　 : ① 益　② 浴　③ 雨　④ 遠　⑤ 原

37 소리　 : ① 銀　② 音　③ 飮　④ 邑　⑤ 引

38 옷　　 : ① 二　② 意　③ 月　④ 衣　⑤ 以

39-48 다음 한자어(漢字語)의 음(音)은 무엇입니까?

39 飮福 : ① 음식　② 식후　③ 식당　④ 음주　⑤ 음복

40 宇宙 : ① 우주　② 집우　③ 우편　④ 집주　⑤ 우방

41 以內 : ① 이남　② 읍내　③ 이내　④ 읍면　⑤ 읍리

42 願書 : ① 원주　② 용서　③ 용주　④ 원서　⑤ 용기

43 往復 : ① 왕년　② 왕림　③ 내왕　④ 왕래　⑤ 왕복

44 元祖 : ① 원년　② 원소　③ 원서　④ 원조　⑤ 익조

45 王位 : ① 단위　② 왕위　③ 방위　④ 포위　⑤ 주위

46 爲國 : ① 위업　② 위인　③ 위국　④ 거국　⑤ 장국

47 理由 : ① 연기　② 이상　③ 연유　④ 유래　⑤ 이유

48 所有 : ① 소지　② 소유　③ 유리　④ 소속　⑤ 보유

49-50 다음 단어들의 '□'에 공통으로 들어갈 알맞은 한자(漢字)는 어느 것입니까?

49 □好, □愛, □情 :
　　① 右　② 牛　③ 雨　④ 友　⑤ 願

50 □末, □出, 正□ :
　　① 月　② 邑　③ 飮　④ 銀　⑤ 園

5급 421 장	章	글 장	立부 총11획 회의문자	丶一六立产产音音音章章
7급 422 재	材	재목 재	木부 총7획 형성문자	一十才才木村材
7급 423 재	財	재물 재	貝부 총10획 형성문자	丨冂冃目貝貝貝財財
6급 424 재	在	있을 재	土부 총6획 형성문자	一ナオ才在在
6급 425 재	再	두 재	冂부 총6획 회의문자	一厂冂丙再再
6급 426 재	才	재주 재	扌=手부 총3획 상형문자	一十才
7급 427 쟁	爭	다툴 쟁	爫=爪부 총8획 회의문자	丶丶丶⺈冬争争爭
5급 428 저	貯	쌓을 저	貝부 총12획 형성문자	丨冂冃目貝貝貝貯貯貯
6급 429 적	的	과녁 적	白부 총8획 형성문자	丿卩白白白的的的
9급 430 전	田	밭 전	田부 총5획 상형문자	丨冂冂田田
8급 431 전	全	온전할 전	入부 총6획 회의문자	丿入今今全全
7급 432 전	前	앞 전	刂=刀부 총9획 형성문자	丶丶丷产产前前前前
7급 433 전	展	펼 전	尸부 총10획 회의문자	一コ尸尸尸屏屏展展展
7급 434 전	電	번개 전	雨부 총13획 회의문자	一厂戸市雨雨雨雷雷雷電電
6급 435 전	傳	전할 전	亻=人부 총13획 형성문자	丿亻亻⺈佢佢伸伸伸傳傳

7급 436 전	典 법 전	八부 총8획 회의문자	丨 冂 曰 由 曲 曲 典 典
7급 437 전	戰 싸움 전	戈부 총16획 회의문자	丶 丷 ヤ 严 畄 留 単 単 単 戦 戦 戦
6급 438 절	節 마디 절	竹부 총15획 형성문자	丿 ㅗ ㅏ 人 竹 竹 竺 笁 筲 筲 節 節 節 節 節
6급 439 절	絶 끊을 절	糸부 총12획 회의문자	乙 幺 幺 乎 糸 糸 紇 紇 絡 絕 絕 絕
5급 440 점	店 가게 점	广부 총8획 형성문자	丶 亠 广 广 广 店 店 店
6급 441 접	接 접할 접	扌=手부 총11획 형성문자	一 扌 扌 扌 扩 护 护 拉 接 接 接
7급 442 정	正 바를 정	止부 총5획 회의문자	一 丅 下 正 正
7급 443 정	政 정사 정	攵=攴부 총9획 형성문자	一 丅 下 正 正 正 政 政 政
7급 444 정	定 정할 정	宀부 총8획 형성문자	丶 宀 宀 宀 宁 宇 定 定
7급 445 정	情 뜻 정	忄=心부 총11획 형성문자	丶 丶 忄 忄 忄 忄 忄 情 情 情 情
7급 446 정	庭 뜰 정	广부 총10획 형성문자	丶 亠 广 广 广 庄 庄 庭 庭 庭
6급 447 정	精 정할 정	米부 총14획 형성문자	丶 丷 ㅛ 半 才 米 米 米 米 精 精 精 精 精
7급 448 제	帝 임금 제	巾부 총9획 상형문자	丶 亠 ㅗ 立 产 产 产 帝 帝
8급 449 제	弟 아우 제	弓부 총7획 상형문자	丶 丷 丷 半 弟 弟 弟
6급 450 제	題 제목 제	頁부 총18획 회의문자	丨 冂 曰 日 旦 早 早 是 是 是 是 題 題 題 題 題 題

급수/번호	한자	훈음	부수/획수/구성	필순
5급 451 제	製	지을 제	衣부 총14획 형성문자	ノ ト 仁 乍 乍 伟 制 制 剬 剬 製 製 製 製
5급 452 제	第	차례 제	竹부 총11획 형성문자	ノ ト ケ ド ダ ヴ 竺 竺 笃 第 第
5급 453 조	兆	억조 조	儿부 총6획 상형문자	ノ ノ ォ 兆 兆 兆
5급 454 조	造	지을 조	辶=辵부 총11획 형성문자	ノ 丶 牛 牛 牛 告 告 告 浩 造 造
7급 455 조	鳥	새 조	鳥부 총11획 상형문자	ノ ア 白 卢 户 鸟 鳥 鳥 鳥 鳥 鳥
6급 456 조	調	고를 조	言부 총15획 형성문자	丶 ニ 亠 宀 宀 言 言 訂 訂 訊 訊 調 調 調 調
7급 457 조	朝	아침 조	月부 총12획 회의문자	一 十 古 古 吉 直 卓 朝 朝 朝 朝
5급 458 조	助	도울 조	力부 총7획 형성문자	丨 冂 冃 日 且 助 助
7급 459 조	祖	할아비 조	示부 총10획 형성문자	一 二 亍 亍 禾 和 和 租 祖 祖
5급 460 조	早	이를 조	日부 총6획 회의문자	丨 口 日 旦 早
9급 461 족	足	발 족	足부 총7획 상형문자	丨 口 口 므 무 足 足
7급 462 족	族	겨레 족	方부 총11획 회의문자	丶 ㅗ ラ 方 方' 扩 汸 疔 族 族 族
5급 463 존	存	있을 존	子부 총6획 회의문자	一 ナ 大 存 存 存
5급 464 졸	卒	마칠 졸	十부 총8획 회의문자	丶 亠 宀 宀 广 卒 卒 卒
7급 465 종	種	씨 종	禾부 총14획 형성문자	丶 二 千 千 禾 禾 禾 种 种 种 稍 稱 種 種

6급 466 종	宗 으뜸 종	宗	宗	宗	宀부 총8획 회의문자	丶丶宀宀宁宇宗宗
6급 467 좌	左 왼 좌	左	左	左	工부 총5획 회의문자	一ナ𠂇左左
5급 468 죄	罪 허물 죄	罪	罪	罪	罒=网부 총13획 회의문자	丨冂冂罒罒𦉪罪罪罪罪罪
5급 469 주	宙 집 주	宙	宙	宙	宀부 총8획 형성문자	丶丶宀宀宁宙宙宙
9급 470 주	主 주인 주	主	主	主	丶부 총5획 상형문자	丶二丅主主
7급 471 주	注 부을 주	注	注	注	氵=水부 총8획 형성문자	丶丶氵氵汁汁注注
7급 472 주	住 살 주	住	住	住	亻=人부 총7획 형성문자	丿亻亻亻亻住住
5급 473 주	晝 낮 주	晝	晝	晝	日부 총11획 회의문자	𠃍二三聿聿書書晝晝晝晝
5급 474 주	走 달릴 주	走	走	走	走부 총7획 회의문자	一十土𠯾𠯾走走
7급 475 죽	竹 대 죽	竹	竹	竹	竹부 총6획 상형문자	丿𠂉𠂉𠂉竹竹
8급 476 중	中 가운데 중	中	中	中	丨부 총4획 상형문자	丨口口中
5급 477 중	衆 무리 중	衆	衆	衆	血부 총12획 회의문자	丶丶血血血血衆衆衆衆
6급 478 중	重 무거울 중	重	重	重	里부 총9획 형성문자	一二千千重重重重重
5급 479 증	增 더할 증	增	增	增	土부 총15획 형성문자	一十土圡圡圹圹圹增增增增增增增
5급 480 지	支 지탱할 지	支	支	支	支부 총4획 회의문자	一十方支

> 지금까지 배운 내용을 문제로 풀어보세요

연습문제 8

01-03 다음 한자(漢字)의 부수(部首)는 무엇입니까?

01 爭 : ① 十   ② 尹   ③ 爫   ④ 丿   ⑤ ⼅

02 的 : ① 丿   ② 勹   ③ 勺   ④ 日   ⑤ 白

03 第 : ① 第   ② 竹   ③ 十   ④ 己   ⑤ 弟

04-06 다음 한자(漢字)의 획수(劃數)는 모두 몇 획입니까?

04 絕 : ① 11   ② 12   ③ 13   ④ 14   ⑤ 15

05 接 : ① 9   ② 10   ③ 11   ④ 12   ⑤ 13

06 章 : ① 9   ② 10   ③ 11   ④ 12   ⑤ 13

07-08 다음 필순(筆順)에 대한 설명에 가장 알맞은 한자 (漢字)는 어느 것입니까?

07 오른쪽 위의 점은 나중에 찍는다.
　　 ① 正   ② 典   ③ 戰   ④ 支   ⑤ 才

08 위에서 아래로 쓴다.
　　 ① 朝   ② 祖   ③ 早   ④ 種   ⑤ 增

09-18 다음 한자(漢字)의 음(音)은 무엇입니까?

09 電 : ① 적   ② 전   ③ 저   ④ 쟁   ⑤ 정

10 接 : ① 정   ② 절   ③ 전   ④ 접   ⑤ 적

11 庭 : ① 존   ② 접   ③ 제   ④ 적   ⑤ 정

12 絕 : ① 쟁   ② 정   ③ 절   ④ 전   ⑤ 주

13 店 : ① 점   ② 접   ③ 적   ④ 절   ⑤ 작

14 弟 : ① 족   ② 조   ③ 제   ④ 중   ⑤ 자

15 早 : ① 졸   ② 조   ③ 제   ④ 존   ⑤ 장

16 走 : ① 종   ② 중   ③ 조   ④ 제   ⑤ 주

17 卒 : ① 죄   ② 주   ③ 종   ④ 졸   ⑤ 제

18 題 : ① 제   ② 조   ③ 족   ④ 중   ⑤ 절

19-23 다음의 음(音)을 가진 한자(漢字)는 어느 것입니까?

19 중 : ① 爭   ② 田   ③ 典   ④ 衆   ⑤ 增

20 절 : ① 節   ② 政   ③ 兆   ④ 情   ⑤ 造

21 전 : ① 的   ② 材   ③ 政   ④ 定   ⑤ 前

22 제 : ① 宗   ② 帝   ③ 鳥   ④ 朝   ⑤ 章

23 조 : ① 再   ② 存   ③ 住   ④ 宙   ⑤ 助

Exercise

24-33 다음 한자(漢字)의 뜻은 무엇입니까?

24 爭 : ① 파다 ② 정사 ③ 낮다 ④ 세우다 ⑤ 다투다

25 戰 : ① 창 ② 방패 ③ 경쟁 ④ 싸움 ⑤ 승리

26 全 : ① 정하다 ② 전하다 ③ 접하다 ④ 온전하다 ⑤ 확실하다

27 的 : ① 희다 ② 국자 ③ 과녁 ④ 기구 ⑤ 깃발

28 典 : ① 책 ② 말 ③ 식 ④ 붓 ⑤ 법

29 朝 : ① 낮 ② 밀물 ③ 새벽 ④ 아침 ⑤ 썰물

30 鳥 : ① 새 ② 길 ③ 홀로 ④ 짐승 ⑤ 까마귀

31 造 : ① 돌다 ② 짓다 ③ 가다 ④ 오다 ⑤ 날다

32 祖 : ① 제사 ② 장군 ③ 왕조 ④ 할아비 ⑤ 할머니

33 存 : ① 갔다 ② 아들 ③ 죽다 ④ 주다 ⑤ 있다

34-38 다음의 뜻을 가진 한자(漢字)는 어느 것입니까?

34 앞 : ① 貯 ② 傳 ③ 支 ④ 前 ⑤ 製

35 마디 : ① 展 ② 精 ③ 節 ④ 正 ⑤ 罪

36 접하다 : ① 絕 ② 主 ③ 畫 ④ 庭 ⑤ 接

37 차례 : ① 題 ② 第 ③ 調 ④ 무 ⑤ 宙

38 겨레 : ① 卒 ② 足 ③ 種 ④ 族 ⑤ 財

39-48 다음 한자어(漢字語)의 음(音)은 무엇입니까?

39 競爭 : ① 논쟁 ② 경쟁 ③ 언쟁 ④ 경주 ⑤ 정쟁

40 電力 : ① 강력 ② 감전 ③ 전력 ④ 전화 ⑤ 전압

41 製作 : ① 제조 ② 조작 ③ 제도 ④ 조건 ⑤ 제작

42 前後 : ① 전진 ② 오전 ③ 사전 ④ 전후 ⑤ 사후

43 直接 : ① 근접 ② 직접 ③ 간접 ④ 접견 ⑤ 원격

44 弟子 : ① 석조 ② 목조 ③ 제작 ④ 제자 ⑤ 사제

45 命題 : ① 명제 ② 제목 ③ 주제 ④ 제도 ⑤ 숙박

46 朝夕 : ① 조야 ② 조식 ③ 조석 ④ 조조 ⑤ 간조

47 曲調 : ① 강조 ② 곡목 ③ 고조 ④ 조화 ⑤ 곡조

48 協助 : ① 조언 ② 조수 ③ 협조 ④ 구조 ⑤ 강조

49-50 다음 단어들의 '□'에 공통으로 들어갈 알맞은 한자(漢字)는 어느 것입니까?

49 □達, □說, □來 :
① 戰 ② 田 ③ 傳 ④ 全 ⑤ 注

50 □目, □族, □子 :
① 題 ② 畫 ③ 宗 ④ 種 ⑤ 貯

급수	번호	한자	훈음	부수/획수/구성	필순
6급	481	知	알 지	矢부 총8획 회의문자	ノ 二 느 夕 矢 知 知 知
7급	482	地	땅(따) 지	土부 총6획 회의문자	一 十 土 圵 地 地
7급	483	指	가리킬 지	扌=手부 총9획 형성문자	一 十 扌 扩 扩 扩 指 指 指
6급	484	志	뜻 지	心부 총7획 형성문자	一 十 士 志 志 志 志
6급	485	至	이를 지	至부 총6획 지사문자	一 丁 互 즈 쥬 至
7급	486	紙	종이 지	糸부 총10획 형성문자	ノ ㄥ 幺 乡 乡 糸 紅 紙 紙 紙
7급	487	止	그칠 지	止부 총4획 상형문자	l ㅏ ㅑ 止
7급	488	直	곧을 직	目부 총8획 회의문자	一 十 十 古 古 直 直 直
8급	489	眞	참 진	目부 총10획 회의문자	一 匕 占 占 肯 直 直 眞 眞
6급	490	進	나아갈 진	辶=辵부 총12획 회의문자	ノ イ イ 仁 仨 仨 佳 隹 淮 進 進
7급	491	質	바탕 질	貝부 총15획 회의문자	ノ 厂 F 斤 斤 竹 所 所 所 質 質 質 質 質
7급	492	集	모을 집	隹부 총12획 회의문자	ノ イ イ 仁 仨 仨 佳 隹 隹 集 集
8급	493	次	버금 차	欠부 총6획 회의문자	丶 ニ ㅅ ㅆ 次 次
5급	494	着	붙을 착	目부 총12획 형성문자	丶 丷 亠 丷 羊 羊 羊 着 着 着
6급	495	察	살필 찰	宀부 총14획 회의문자	丶 ㆍ 宀 宀 宀 ケ 灾 灾 灾 灾 察 察 察

6급 496 참	參	參	參	參	참여할 참	厶부 총11획 회의문자	一 ㄥ ㄠ ㄥ 厽 㐱 叅 參 參
5급 497 창	唱	唱	唱	唱	부를 창	口부 총11획 형성문자	丨 口 叩 叩 叩 唱 唱 唱
5급 498 창	窓	窓	窓	窓	창 창	穴부 총11획 형성문자	丶 宀 穴 穴 空 空 窓 窓 窓
5급 499 책	責	責	責	責	꾸짖을 책	貝부 총11획 형성문자	一 二 十 丰 責 責 責 責 責 責
6급 500 책	冊	冊	冊	冊	책 책	冂부 총5획 상형문자	丨 冂 冂 冊 冊
5급 501 처	處	處	處	處	곳 처	虍부 총11획 회의문자	丨 丶 广 卢 虍 處 處 處 處
8급 502 천	千	千	千	千	일천 천	十부 총3획 지사문자	丿 二 千
9급 503 천	天	天	天	天	하늘 천	大부 총4획 회의문자	一 二 千 天
9급 504 천	川	川	川	川	내 천	川=巛부 총3획 상형문자	丿 丿 川
7급 505 청	靑	靑	靑	靑	푸를 청	靑부 총8획 형성문자	一 二 十 主 丰 靑 靑 靑
6급 506 청	淸	淸	淸	淸	맑을 청	氵=水부 총11획 형성문자	丶 氵 氵 氵 淸 淸 淸 淸 淸 淸
6급 507 체	體	體	體	體	몸 체	骨부 총23획 형성문자	體
8급 508 초	初	初	初	初	처음 초	刀부 총7획 회의문자	丶 ラ ネ ネ ネ 初 初
7급 509 초	草	草	草	草	풀 초	++=艸부 총10획 형성문자	一 艹 艹 艹 苎 苎 苗 草 草
7급 510 촌	村	村	村	村	마을 촌	木부 총7획 형성문자	一 十 才 木 村 村 村

6급 511 촌	寸	마디 촌	寸부 총3획 지사문자	一 十 寸
5급 512 최	最	가장 최	曰부 총12획 회의문자	丨 冂 冃 日 旦 昌 昌 冣 冣 最 最 最
7급 513 추	秋	가을 추	禾부 총9획 회의문자	丿 一 千 千 禾 禾 禾 秋 秋
5급 514 추	追	쫓을 추	辶=辵부 총10획 형성문자	丿 丨 𠂉 𠂊 𠂉 自 追 追 追
6급 515 축	祝	빌 축	示부 총10획 회의문자	一 一 T 亍 示 示 和 祀 祝
5급 516 춘	春	봄 춘	曰부 총9획 회의문자	一 二 三 丰 夫 未 春 春 春
7급 517 출	出	날 출	凵부 총5획 상형문자	丨 屮 中 出 出
7급 518 충	充	채울 충	儿부 총6획 회의문자	丶 亠 云 亐 充
6급 519 충	忠	충성 충	心부 총8획 형성문자	丨 冂 口 中 中 忠 忠 忠
6급 520 충	蟲	벌레 충	虫부 총18획 회의문자	丨 冂 口 中 虫 虫 虫 蚩 蚩 蛊 蛊 蛊 蛊 蛊 蛊 蟲 蟲 蟲
6급 521 취	取	가질 취	又부 총8획 회의문자	一 T F F 耳 耳 取 取
6급 522 치	治	다스릴 치	氵=水부 총8획 형성문자	丶 丶 氵 氵 泠 治 治 治
6급 523 치	致	이를 치	至부 총10획 회의문자	一 云 云 𠫓 至 至 至 致 致 致
7급 524 치	齒	이 치	齒부 총15획 상형문자	丨 卜 止 止 止 步 齿 齿 齿 齿 齿 齿 齒 齒 齒
8급 525 칙	則	법칙 칙	刂=刀부 총9획 회의문자	丨 冂 冃 目 目 貝 貝 則 則

6급 526 친	親	親	親	親	친할 친	見부 총16획 형성문자	亠 立 辛 亲 亲 新 親 親 親
8급 527 칠	七	七	七	七	일곱 칠	一부 총2획 지사문자	一 七
5급 528 쾌	快	快	快	快	쾌할 쾌	忄=心부 총7획 형성문자	忄 忄 忄 忄 快 快
5급 529 타	打	打	打	打	칠 타	扌=手부 총5획 회의문자	一 十 扌 打 打
8급 530 태	太	太	太	太	클 태	大부 총4획 지사문자	一 ナ 大 太
6급 531 택	宅	宅	宅	宅	집 택(댁)	宀부 총6획 형성문자	丶 宀 宀 宀 宅
9급 532 토	土	土	土	土	흙 토	土부 총3획 상형문자	一 十 土
6급 533 통	通	通	通	通	통할 통	辶=辵부 총11획 형성문자	一 マ 丙 甬 甬 涌 通 通
6급 534 통	統	統	統	統	거느릴 통	糸부 총12획 형성문자	幺 纟 糸 紋 統 統
5급 535 퇴	退	退	退	退	물러날 퇴	辶=辵부 총10획 회의문자	丨 ヨ 艮 退 退 退
6급 536 특	特	特	特	特	특별할 특	牛부 총10획 회의문자	丿 牛 牛 特 特 特
6급 537 파	波	波	波	波	물결 파	氵=水부 총8획 형성문자	丶 氵 沪 波 波
5급 538 판	判	判	判	判	판단할 판	刂=刀부 총7획 형성문자	丶 ソ 半 判 判
8급 539 팔	八	八	八	八	여덟 팔	八부 총2획 지사문자	丿 八
5급 540 패	貝	貝	貝	貝	조개 패	貝부 총7획 상형문자	丨 冂 冃 目 貝 貝

01-03 다음 한자(漢字)의 부수(部首)는 무엇입니까?

01 窓 : ① 宀　② 八　③ 窓　④ 心　⑤ 穴

02 地 : ① 土　② 也　③ 十　④ 地　⑤ 士

03 責 : ① 十　② 貝　③ 主　④ 目　⑤ 三

04-06 다음 한자(漢字)의 획수(劃數)는 모두 몇 획입니까?

04 止 : ① 1　② 2　③ 3　④ 4　⑤ 5

05 着 : ① 10　② 11　③ 12　④ 13　⑤ 14

06 村 : ① 5　② 6　③ 7　④ 8　⑤ 9

07-08 다음 필순(筆順)에 대한 설명에 가장 알맞은 한자(漢字)는 어느 것입니까?

07 꿰뚫는 획은 나중에 쓴다.
　① 川　② 充　③ 知　④ 千　⑤ 七

08 왼쪽과 오른쪽의 모양이 같을 때에는 가운데 획을 먼저 쓴다.
　① 寸　② 出　③ 天　④ 致　⑤ 次

09-18 다음 한자(漢字)의 음(音)은 무엇입니까?

09 着 : ① 체　② 종　③ 책　④ 집　⑤ 착

10 處 : ① 죽　② 질　③ 처　④ 창　⑤ 치

11 志 : ① 지　② 차　③ 찰　④ 직　⑤ 친

12 紙 : ① 진　② 질　③ 죽　④ 지　⑤ 친

13 質 : ① 지　② 직　③ 주　④ 중　⑤ 질

14 追 : ① 체　② 천　③ 책　④ 추　⑤ 춘

15 秋 : ① 추　② 초　③ 충　④ 촌　⑤ 중

16 祝 : ① 춘　② 축　③ 최　④ 추　⑤ 천

17 春 : ① 최　② 출　③ 충　④ 취　⑤ 춘

18 充 : ① 청　② 체　③ 충　④ 책　⑤ 찬

19-23 다음의 음(音)을 가진 한자(漢字)는 어느 것입니까?

19 책 : ① 則　② 冊　③ 太　④ 止　⑤ 蟲

20 판 : ① 至　② 指　③ 地　④ 退　⑤ 判

21 직 : ① 直　② 打　③ 統　④ 波　⑤ 草

22 체 : ① 天　② 千　③ 體　④ 忠　⑤ 致

23 천 : ① 川　② 淸　③ 靑　④ 治　⑤ 唱

Exercise

24-33 다음 한자(漢字)의 뜻은 무엇입니까?

24 責 : ① 기다 ② 처음 ③ 찾다 ④ 오르다 ⑤ 꾸짖다

25 止 : ① 가다 ② 끓다 ③ 그치다 ④ 구부리다 ⑤ 거느리다

26 地 : ① 땅 ② 물 ③ 바다 ④ 하늘 ⑤ 우주

27 最 : ① 셋 ② 둘 ③ 우주 ④ 중심 ⑤ 가장

28 至 : ① 막다 ② 파다 ③ 닳다 ④ 이르다 ⑤ 쾌청하다

29 淸 : ① 빌다 ② 맑다 ③ 푸르다 ④ 청하다 ⑤ 가리다

30 草 : ① 풀 ② 몸 ③ 내 ④ 가을 ⑤ 나무

31 治 : ① 이르다 ② 흐르다 ③ 친하다 ④ 채우다 ⑤ 다스리다

32 寸 : ① 처음 ② 마디 ③ 마을 ④ 가장 ⑤ 지방

33 靑 : ① 재다 ② 맑다 ③ 청하다 ④ 푸르다 ⑤ 거치다

34-38 다음의 뜻을 가진 한자(漢字)는 어느 것입니까?

34 뜻 : ① 快 ② 志 ③ 着 ④ 知 ⑤ 宅

35 바탕 : ① 質 ② 通 ③ 紙 ④ 察 ⑤ 統

36 참여하다 : ① 眞 ② 直 ③ 集 ④ 參 ⑤ 親

37 빌다 : ① 川 ② 體 ③ 祝 ④ 最 ⑤ 責

38 가지다 : ① 村 ② 齒 ③ 則 ④ 取 ⑤ 打

39-48 다음 한자어(漢字語)의 음(音)은 무엇입니까?

39 獨唱 : ① 복창 ② 독음 ③ 동창 ④ 발음 ⑤ 독창

40 快感 : ① 참관 ② 참작 ③ 쾌활 ④ 쾌감 ⑤ 참배

41 打作 : ① 타작 ② 정계 ③ 정책 ④ 타개 ⑤ 타파

42 體重 : ① 중시 ② 체중 ③ 소중 ④ 중량 ⑤ 체증

43 退步 : ① 통보 ② 퇴치 ③ 퇴위 ④ 통치 ⑤ 퇴보

44 重責 : ① 문책 ② 중책 ③ 책망 ④ 자책 ⑤ 중임

45 天才 : ① 둔재 ② 천하 ③ 천지 ④ 천재 ⑤ 영재

46 貝物 : ① 패물 ② 무역 ③ 패석 ④ 패류 ⑤ 무술

47 淸算 : ① 청풍 ② 청명 ③ 청산 ④ 청결 ⑤ 청운

48 物體 : ① 정체 ② 물체 ③ 인체 ④ 고체 ⑤ 액체

49-50 다음 단어들의 '□'에 공통으로 들어갈 알맞은 한자(漢字)는 어느 것입니까?

49 □步, □行, □化 :
① 至 ② 直 ③ 眞 ④ 特 ⑤ 進

50 □得, □材, □消 :
① 靑 ② 取 ③ 治 ④ 出 ⑤ 窓

5급 541 패	敗	패할 패	攵=攴부 총11획 회의문자	丨冂闩月目貝貝貝敗敗敗
6급 542 편	片	조각 편	片부 총4획 상형문자	丿丿丿片
7급 543 편	便	편할 편	亻=人부 총9획 회의문자	丿亻亻仁仟仟佰便便
7급 544 평	平	평평할 평	干부 총5획 상형문자	一丆二三平
8급 545 표	表	겉 표	衣부 총8획 회의문자	一二十主主丰表表
7급 546 품	品	물건 품	口부 총9획 회의문자	丨口口口PB品品品品
6급 547 풍	豊	풍성할 풍	豆부 총13획 상형문자	丨冂曰由曲曲曲曹豊豊豊豊
8급 548 풍	風	바람 풍	風부 총9획 회의문자	丿几凡凡凨風風風風
5급 549 피	皮	가죽 피	皮부 총5획 회의문자	丿厂广皮皮
7급 550 필	必	반드시 필	心부 총5획 회의문자	丶丿必必必
6급 551 필	筆	붓 필	竹부 총12획 회의문자	丿𠂉𠂉竹竹竺竺筀筀筆筆
8급 552 하	下	아래 하	一부 총3획 지사문자	一丁下
7급 553 하	夏	여름 하	夂부 총10획 회의문자	一丆万百百百頁夏夏
5급 554 하	河	물 하	氵=水부 총8획 형성문자	丶氵氵汀汀河河河
7급 555 학	學	배울 학	子부 총16획 회의문자	丨F F F F F 臼 臼 鹵 鹵 與 學 學

5급 556 한	限	한할 **한**	阝=阜부 총9획 형성문자	' ³ ⻖ ⻖' ⻖⁷ ⻖⁷ 阴 限 限
6급 557 한	韓	한국 **한**	韋부 총17획 형성문자	一 十 十 古 古 古 直 卓 卓' 乾 乾 韓 韓 韓 韓
6급 558 한	漢	한수 **한**	氵=水부 총14획 형성문자	` ` ⺡ ⺡ 汁 汁 洱 洱 漌 漌 漢 漢
8급 559 합	合	합할 **합**	口부 총6획 회의문자	ノ 人 ㅅ 수 合 合
5급 560 해	害	해할 **해**	宀부 총10획 회의문자	` ` 宀 宀 宀 宇 宇 害 害 害
7급 561 해	海	바다 **해**	氵=水부 총10획 형성문자	` ` ⺡ ⺡ 氵 汢 海 海 海 海
6급 562 해	解	풀 **해**	角부 총13획 회의문자	ノ ⺈ ⺈ 角 角 角 解 解 解 解 解
8급 563 행	幸	다행 **행**	干부 총8획 회의문자	一 十 土 士 士 寺 幸 幸
9급 564 행	行	다닐 **행**	行부 총6획 상형문자	' ⺊ 彳 彳 行 行
6급 565 향	向	향할 **향**	口부 총6획 회의문자	' ⺊ 冂 向 向 向
7급 566 향	香	향기 **향**	香부 총9획 회의문자	一 二 千 千 禾 禾 香 香 香
6급 567 향	鄉	시골 **향**	阝=邑부 총13획 회의문자	' ⺈ 乡 乡 乡 乡 乡 乡 鄉 鄉 鄉 鄉
5급 568 혁	革	가죽 **혁**	革부 총9획 상형문자	一 十 廾 廾 甘 古 苦 茧 革
6급 569 현	現	나타날 **현**	王=玉부 총11획 형성문자	一 二 千 王 珇 珇 珇 珇 現 現
7급 570 혈	血	피 **혈**	血부 총6획 상형문자	' ⺈ 白 血 血 血

5급 571 협	協	화합할 협	十부 총8획 회의문자	一 十 十 圹 协 协 協 協
7급 572 형	形	형상 형	彡부 총7획 형성문자	一 二 千 开 形 形 形
8급 573 형	兄	형 형	儿부 총5획 회의문자	丨 口 口 尸 兄
6급 574 혜	惠	은혜 혜	心부 총12획 회의문자	一 厂 厂 亓 百 审 車 東 寅 恵 惠 惠
5급 575 호	虎	범 호	虍부 총8획 상형문자	丨 ト 卢 广 庐 虎 虎 虎
5급 576 호	好	좋을 호	女부 총6획 회의문자	乚 夕 女 奵 好 好
6급 577 호	號	이름 호	虍부 총13획 회의문자	丨 口 口 므 号 号 号 號 號 號 號 號 號
5급 578 호	湖	호수 호	氵=水부 총12획 형성문자	丶 丶 氵 氵 汁 沽 沽 沽 沽 湖 湖 湖
5급 579 혼	婚	혼인할 혼	女부 총11획 형성문자	乚 夕 女 女 女 妡 妡 娇 婚 婚 婚
9급 580 화	火	불 화	火부 총4획 상형문자	丶 丷 少 火
7급 581 화	化	될 화	匕부 총4획 회의문자	丿 亻 亻 化
7급 582 화	花	꽃 화	++=艸부 총8획 형성문자	一 十 艹 艹 艹 花 花 花
7급 583 화	和	화할 화	口부 총8획 형성문자	一 二 千 才 禾 和 和 和
7급 584 화	話	말씀 화	言부 총13획 회의문자	丶 二 二 亖 亖 言 言 訂 訂 訐 話 話
5급 585 화	貨	재물 화	貝부 총11획 형성문자	丿 亻 亻 化 化 貨 貨 貨 貨 貨 貨

7급 586 화	畫	그림 화/그을 획	田부 총13획 회의문자	一 ㄱ ㅋ ㅋ ㅋ 聿 聿 書 書 畵 畫 畫 畫
5급 587 환	患	근심 환	心부 총11획 형성문자	丶 ㅁ ㅁ 므 吕 吕 串 串 患 患 患
7급 588 활	活	살 활	氵=水부 총9획 형성문자	丶 氵 氵 汒 汗 汗 活 活
6급 589 황	黃	누를 황	黃부 총12획 상형문자	一 十 廾 廾 芇 芇 苩 苩 黃 黃 黃
5급 590 황	皇	임금 황	白부 총9획 상형문자	丶 ㅅ 白 白 白 白 皇 皇 皇
6급 591 회	會	모일 회	曰부 총13획 회의문자	丿 人 人 人 合 命 命 命 會 會 會 會
8급 592 회	回	돌아올 회	囗부 총6획 상형문자	丨 冂 冂 回 回 回
6급 593 효	效	본받을 효	攵=攴부 총10획 형성문자	丶 二 亠 产 方 交 交 交 效 效
6급 594 효	孝	효도 효	子부 총7획 회의문자	一 十 土 耂 耂 孝 孝
7급 595 후	後	뒤 후	彳부 총9획 회의문자	丿 彳 彳 犭 犭 徉 徉 後 後
6급 596 훈	訓	가르칠 훈	言부 총10획 형성문자	丶 二 亠 宀 言 言 言 訓 訓 訓
6급 597 휴	休	쉴 휴	亻=人부 총6획 회의문자	丿 亻 亻 什 什 休
5급 598 흉	凶	흉할 흉	凵부 총4획 지사문자	丿 ㄨ 乂 凶
6급 599 흥	興	일 흥	臼부 총16획 회의문자	丶 冂 冂 曰 曰 曰 曰 曰 曲 曲 興 興 興 興
6급 600 희	希	바랄 희	巾부 총7획 회의문자	丿 乂 ブ 才 矛 希 希

연습문제 10

01-03 다음 한자(漢字)의 부수(部首)는 무엇입니까?

01 下 : ① 下 ② 、 ③ 一 ④ ｜ ⑤ 二

02 學 : ① 子 ② 兒 ③ ✕ ④ 一 ⑤ 字

03 畫 : ① 尹 ② 十 ③ 聿 ④ ⼹ ⑤ 田

04-06 다음 한자(漢字)의 획수(劃數)는 모두 몇 획입니까?

04 解 : ① 10 ② 11 ③ 12 ④ 13 ⑤ 14

05 皮 : ① 4 ② 5 ③ 6 ④ 7 ⑤ 8

06 希 : ① 5 ② 6 ③ 7 ④ 8 ⑤ 9

07-08 다음 필순(筆順)에 대한 설명에 가장 알맞은 한자(漢字)는 어느 것입니까?

07 안과 바깥쪽이 있을 때에는 바깥쪽을 먼저 쓴다.
① 漢 ② 合 ③ 向 ④ 現 ⑤ 協

08 왼쪽에서 오른쪽으로 쓴다.
① 好 ② 貨 ③ 表 ④ 花 ⑤ 夏

09-18 다음 한자(漢字)의 음(音)은 무엇입니까?

09 夏 : ① 합 ② 한 ③ 학 ④ 파 ⑤ 하

10 協 : ① 해 ② 행 ③ 협 ④ 향 ⑤ 평

11 香 : ① 향 ② 현 ③ 혈 ④ 협 ⑤ 풍

12 限 : ① 학 ② 합 ③ 한 ④ 형 ⑤ 호

13 害 : ① 학 ② 행 ③ 형 ④ 하 ⑤ 해

14 婚 : ① 홍 ② 혹 ③ 호 ④ 혼 ⑤ 흥

15 話 : ① 확 ② 화 ③ 환 ④ 황 ⑤ 활

16 黃 : ① 후 ② 효 ③ 황 ④ 확 ⑤ 하

17 效 : ① 협 ② 흥 ③ 후 ④ 흉 ⑤ 효

18 訓 : ① 형 ② 춘 ③ 천 ④ 훈 ⑤ 혈

19-23 다음의 음(音)을 가진 한자(漢字)는 어느 것입니까?

19 학 : ① 惠 ② 向 ③ 現 ④ 學 ⑤ 便

20 해 : ① 兄 ② 海 ③ 合 ④ 行 ⑤ 品

21 혁 : ① 皮 ② 下 ③ 革 ④ 漢 ⑤ 虎

22 호 : ① 花 ② 敗 ③ 會 ④ 必 ⑤ 湖

23 회 : ① 回 ② 化 ③ 孝 ④ 興 ⑤ 希

Exercise

24-33 다음 한자(漢字)의 뜻은 무엇입니까?

24 皇 : ① 겨울 ② 공항 ③ 임금
       ④ 열다 ⑤ 물결

25 行 : ① 가다 ② 오다 ③ 다니다
       ④ 통하다 ⑤ 모이다

26 合 : ① 뭉치다 ② 합하다 ③ 패하다
       ④ 해하다 ⑤ 평평하다

27 現 : ① 보다 ② 구슬 ③ 본받다
       ④ 사라지다 ⑤ 나타나다

28 惠 : ① 은혜 ② 바다 ③ 하늘
       ④ 감사 ⑤ 근심

29 凶 : ① 즐겁다 ② 슬프다 ③ 바라다
       ④ 흉하다 ⑤ 반드시

30 片 : ① 연탄 ② 조각 ③ 흑연
       ④ 누르다 ⑤ 푸르다

31 孝 : ① 효도 ② 아들 ③ 노인
       ④ 봉양 ⑤ 풍년

32 和 : ① 되다 ② 맛보다 ③ 이끌다
       ④ 말하다 ⑤ 화하다

33 會 : ① 두다 ② 화하다 ③ 합하다
       ④ 모이다 ⑤ 되새기다

34-38 다음의 뜻을 가진 한자(漢字)는 어느 것입니까?

34 한국 : ① 下 ② 幸 ③ 韓 ④ 兄 ⑤ 血

35 패하다 : ① 敗 ② 夏 ③ 鄕 ④ 害 ⑤ 平

36 화합하다 : ① 兄 ② 協 ③ 香 ④ 筆 ⑤ 解

37 좋다 : ① 湖 ② 號 ③ 訓 ④ 活 ⑤ 好

38 그림 : ① 興 ② 花 ③ 休 ④ 畵 ⑤ 後

39-48 다음 한자어(漢字語)의 음(音)은 무엇입니까?

39 夏期 : ① 춘하 ② 입하 ③ 하절 ④ 하계 ⑤ 하기

40 南韓 : ① 한국 ② 남한 ③ 한일 ④ 북한 ⑤ 마한

41 患難 : ① 환난 ② 충당 ③ 충만 ④ 충치 ⑤ 환부

42 虎皮 : ① 호가 ② 허가 ③ 호피 ④ 허무 ⑤ 호반

43 合理 : ① 추리 ② 합성 ③ 논리 ④ 정리 ⑤ 합리

44 好感 : ① 호의 ② 가감 ③ 감화 ④ 호감 ⑤ 호응

45 畵家 : ① 화가 ② 화면 ③ 종가 ④ 화질 ⑤ 주가

46 花園 : ① 화초 ② 개화 ③ 화원 ④ 정원 ⑤ 화실

47 話題 : ① 화두 ② 화제 ③ 화술 ④ 문제 ⑤ 제재

48 貨物 : ① 재화 ② 금화 ③ 건물 ④ 보물 ⑤ 화물

49-50 다음 단어들의 '□'에 공통으로 들어갈 알맞은 한자(漢字)는 어느 것입니까?

49 □上, □流, □物 :
   ① 下 ② 兄 ③ 海 ④ 限 ⑤ 患

50 □合, 平□, □解 :
   ① 湖 ② 化 ③ 花 ④ 和 ⑤ 河

CHAPTER 03

기타 출제 유형별 정리

앞에서 익힌 한자들을 이용하여

출제 유형에 맞게

반대자, 반의어·상대어, 동음이의어,

사자성어로 나누어 정리하였다.

앞에서와는 다른 각도로 한자들을 들여다보며

반복 학습해보자.

반대자

반대 한자도 출제 유형에 포함된다. 그리고 비중이 큰 반의어·상대어를 익히는데도 도움이 되므로 잘 익혀두자.

假(거짓 가) ◀▶ 眞(참 진)	君(임금 군) / 帝(임금 제) / 皇(임금 황) ◀▶ 民(백성 민) / 臣(신하 신)	朝(아침 조) ◀▶ 夕(저녁 석)
加(더할 가) / 益(더할 익) / 增(더할 증) ◀▶ 省(덜 생)	近(가까울 근) ◀▶ 遠(멀 원)	短(짧을 단) ◀▶ 長(길 장)
可(옳을 가) ◀▶ 不(아닐 부)	公(공평할 공) ◀▶ 私(사사 사)	絶(끊을 절) ◀▶ 連(이을 련) / 接(접할 접)
敎(가르칠 교) / 訓(가르칠 훈) ◀▶ 習(익힐 습) / 學(배울 학)	起(일어날 기) ◀▶ 結(맺을 결)	秋(가을 추) ◀▶ 春(봄 춘)
江(강 강) ◀▶ 山(메 산)	農(농사 농) ◀▶ 都(도읍 도)	答(대답 답) ◀▶ 問(물을 문)
落(떨어질 락) ◀▶ 登(오를 등)	未(아닐 미) ◀▶ 是(옳을 시)	冬(겨울 동) ◀▶ 夏(여름 하)
大(큰 대) / 太(클 태) ◀▶ 小(작을 소)	發(쏠,필 발) ◀▶ 着(붙을 착)	東(동녘 동) ◀▶ 西(서녘 서)
强(강할 강) ◀▶ 弱(약할 약)	少(적을 소) ◀▶ 多(많을 다)	明(밝을 명) / 洞(밝을 통) ◀▶ 暗(어두울 암)
骨(뼈 골) ◀▶ 皮(가죽 피)	執(잡을 집) ◀▶ 放(놓을 방)	動(움직일 동) ◀▶ 止(그칠 지)
皆(다 개) ◀▶ 個(낱 개)	等(무리 등) / 衆(무리 중) ◀▶ 獨(홀로 독)	頭(머리 두) / 首(머리 수) ◀▶ 尾(꼬리 미)
客(손 객) ◀▶ 主(주인 주)	孫(손자 손) ◀▶ 祖(할아비 조)	得(얻을 득) ◀▶ 失(잃을 실)
古(예 고) ◀▶ 今(이제 금) / 新(새 신)	貧(가난할 빈) ◀▶ 富(부자 부)	去(갈 거) / 往(갈 왕) ◀▶ 來(올 래)
高(높을 고) ◀▶ 低(낮을 저)	勝(이길 승) ◀▶ 敗(패할 패)	勞(일할 로) ◀▶ 使(하여금 사)
曲(굽을 곡) ◀▶ 直(곧을 직)	實(열매 실) ◀▶ 空(빌 공)	末(끝 말) / 終(마칠 종) ◀▶ 始(비로소 시) / 初(처음 초)
空(빌 공) ◀▶ 滿(찰 만)	送(보낼 송) / 授(줄 수) / 給(줄 급) ◀▶ 受(받을 수)	陸(뭍 륙) ◀▶ 海(바다 해)
天(하늘 천) ◀▶ 地(땅 지)		利(이로울 리) ◀▶ 害(해할 해)
結(맺을 결) ◀▶ 解(풀 해)	別(다를 별) ◀▶ 若(같을 약)	老(늙을 로) ◀▶ 少(적을 소) / 童(아이 동)
京(서울 경) ◀▶ 鄕(시골 향)	溫(따뜻할 온) ◀▶ 冷(찰 랭)	
輕(가벼울 경) ◀▶ 重(무거울 중)	難(어려울 난) ◀▶ 易(쉬울 이)	民(백성 민) ◀▶ 官(벼슬 관)
競(다툴 경) ◀▶ 和(화할 화) / 協(화합할 협)	男(사내 남) ◀▶ 女(계집 녀)	無(없을 무) ◀▶ 有(있을 유)
	內(안 내) ◀▶ 外(바깥 외)	

散(흩을 산) ◀▶ 集(모을 집) / 會(모일 회)	北(북녘 북) ◀▶ 南(남녘 남)	愛(사랑 애) / 好(좋을 호) ◀▶ 惡(미워할 오)
亡(없을 망) ◀▶ 在(있을 재) / 存(있을 존) / 興(일 흥)	兵(병사 병) / 士(선비 사) ◀▶ 將(장수 장)	雨(비 우) ◀▶ 光(빛 광) / 陽(볕 양)
賣(팔 매) ◀▶ 買(살 매)	熱(더울 열) ◀▶ 冷(찰 랭)	引(끌 인) ◀▶ 推(밀 추)
消(사라질 소) ◀▶ 著(나타날 저) / 現(나타날 현)	死(죽을 사) / 殺(죽일 살) ◀▶ 生(날 생) / 活(살 활)	因(인할 인) ◀▶ 果(열매 과)
晝(낮 주) / 午(낮 오) ◀▶ 夜(밤 야)	上(윗 상) ◀▶ 下(아래 하)	入(들 입) ◀▶ 出(날 출)
母(어미 모) ◀▶ 父(아비 부)	兄(형 형) ◀▶ 弟(아우 제)	自(스스로 자) ◀▶ 他(다를 타)
打(칠 타) ◀▶ 防(막을 방) / 保(지킬 보) / 守(지킬 수)	投(던질 투) ◀▶ 打(칠 타)	前(앞 전) ◀▶ 後(뒤 후)
分(나눌 분) ◀▶ 合(합할 합)	先(먼저 선) ◀▶ 後(뒤 후)	左(왼 좌) ◀▶ 右(오른쪽 우)
白(흰 백) / 素(흴 소) ◀▶ 黑(검을 흑)	善(착할 선) ◀▶ 惡(악할 악)	朝(아침 조) ◀▶ 夕(저녁 석)
吉(길할 길) / 豊(풍성할 풍) ◀▶ 凶(흉할 흉)	勝(이길 승) ◀▶ 敗(패할 패)	
罪(허물 죄) ◀▶ 功(공 공)	水(물 수) ◀▶ 火(불 화)	
夫(지아비 부) ◀▶ 婦(지어미 부) / 妻(아내 처)	手(손 수) ◀▶ 足(발 족)	
	進(나아갈 진) ◀▶ 退(물러날 퇴)	
	身(몸 신) / 體(몸 체) ◀▶ 心(마음 심)	
	順(순할 순) / 忠(충성 충) ◀▶ 逆(거스를 역)	

반의어·상대어 反義語·相對語

반의어·상대어는 출제 비중이 높은 부분이다. 일상에 많이 사용되는 한자어들로 정리하였으므로 집중적으로 공부해야 한다.

加入(가입) ◀▶ 脫退(탈퇴)	來生(내생) ◀▶ 前生(전생)	保守(보수) ◀▶ 革新(혁신) / 進步(진보)
感情(감정) ◀▶ 理性(이성)	內容(내용) ◀▶ 形式(형식)	
江南(강남) ◀▶ 江北(강북)	能動(능동) ◀▶ 受動(수동)	父母(부모) ◀▶ 子女(자녀)
强大(강대) ◀▶ 弱小(약소)	多面(다면) ◀▶ 一面(일면)	不實(부실) ◀▶ 充實(충실)
江西(강서) ◀▶ 江東(강동)	多元(다원) ◀▶ 一元(일원)	不法(불법) ◀▶ 合法(합법)
强勢(강세) ◀▶ 弱勢(약세)	對話(대화) ◀▶ 獨白(독백)	不法化(불법화) ◀▶ 合法化(합법화)
個別(개별) ◀▶ 全體(전체)	都市(도시) ◀▶ 鄕村(향촌)	不義(불의) ◀▶ 正義(정의)
個體(개체) ◀▶ 全體(전체)	到着(도착) ◀▶ 出發(출발)	不幸(불행) ◀▶ 幸福(행복)
客觀(객관) ◀▶ 主觀(주관)	同感(동감) ◀▶ 反感(반감)	事前(사전) ◀▶ 事後(사후)
客體(객체) ◀▶ 主體(주체)	得勢(득세) ◀▶ 失勢(실세)	死後(사후) ◀▶ 生前(생전)
古代(고대) ◀▶ 現代(현대)	得意(득의) ◀▶ 失意(실의)	上席(상석) ◀▶ 末席(말석)
故意(고의) ◀▶ 過失(과실)	登校(등교) ◀▶ 下校(하교)	上行(상행) ◀▶ 下行(하행)
固定(고정) ◀▶ 流動(유동)	登場(등장) ◀▶ 退場(퇴장)	生食(생식) ◀▶ 火食(화식)
共同(공동) ◀▶ 單獨(단독)	滿足(만족) ◀▶ 不滿(불만)	仙界(선계) ◀▶ 世俗(세속)
空想(공상) ◀▶ 現實(현실)	名目(명목) ◀▶ 實質(실질)	先天(선천) ◀▶ 後天(후천)
過去(과거) ◀▶ 未來(미래)	母音(모음) ◀▶ 子音(자음)	先學(선학) ◀▶ 後學(후학)
過多(과다) ◀▶ 過少(과소)	無能(무능) ◀▶ 有能(유능)	成功(성공) ◀▶ 失敗(실패)
過大(과대) ◀▶ 過小(과소)	無形(무형) ◀▶ 有形(유형)	少年(소년) ◀▶ 老年(노년)
求心(구심) ◀▶ 遠心(원심)	文明(문명) ◀▶ 原始(원시) / 未開(미개)	送信(송신) ◀▶ 受信(수신)
國內(국내) ◀▶ 國外(국외)		收入(수입) ◀▶ 支出(지출)
君子(군자) ◀▶ 小人(소인)	文語(문어) ◀▶ 口語(구어)	順行(순행) ◀▶ 逆行(역행)
君主(군주) ◀▶ 臣下(신하)	問題(문제) ◀▶ 解答(해답)	勝利(승리) ◀▶ 敗北(패배)
權利(권리) ◀▶ 義務(의무)	物質(물질) ◀▶ 精神(정신)	勝戰(승전) ◀▶ 敗戰(패전)
近視(근시) ◀▶ 遠視(원시)	未決(미결) ◀▶ 解決(해결)	施賞(시상) ◀▶ 受賞(수상)
吉兆(길조) ◀▶ 凶兆(흉조)	發達(발달) ◀▶ 退步(퇴보)	新入(신입) ◀▶ 經歷(경력)
落第(낙제) ◀▶ 及第(급제)	放心(방심) ◀▶ 注意(주의)	室內(실내) ◀▶ 室外(실외)
難解(난해) ◀▶ 容易(용이)	放學(방학) ◀▶ 開學(개학)	實質(실질) ◀▶ 形式(형식)
內面(내면) ◀▶ 外面(외면)	放火(방화) ◀▶ 消火(소화)	兒童(아동) ◀▶ 成人(성인)

愛國(애국)	◀▶	賣國(매국)
洋藥(양약)	◀▶	韓藥(한약)
年末(연말)	◀▶	年始(연시)
年上(연상)	◀▶	年下(연하)
連敗(연패)	◀▶	連勝(연승)
溫水(온수)	◀▶	冷水(냉수)
溫情(온정)	◀▶	冷情(냉정)
完備(완비)	◀▶	未備(미비) / 不備(불비)
往復(왕복)	◀▶	片道(편도)
遠心力(원심력)	◀▶	求心力(구심력)
遠洋(원양)	◀▶	近海(근해)
原因(원인)	◀▶	結果(결과)
陸地(육지)	◀▶	海洋(해양)
理性(이성)	◀▶	感性(감성) / 感情(감정)
移住(이주)	◀▶	定着(정착)
引上(인상)	◀▶	引下(인하)
人爲(인위)	◀▶	自然(자연)
人造(인조)	◀▶	天然(천연)

入金(입금)	◀▶	出金(출금)
立體(입체)	◀▶	平面(평면)
入學(입학)	◀▶	卒業(졸업)
自動(자동)	◀▶	手動(수동)
子正(자정)	◀▶	正午(정오)
將軍(장군)	◀▶	兵士(병사)
場內(장내)	◀▶	場外(장외)
長身(장신)	◀▶	短身(단신)
前半(전반)	◀▶	後半(후반)
前者(전자)	◀▶	後者(후자)
絶對(절대)	◀▶	相對(상대)
絶望(절망)	◀▶	希望(희망)
正門(정문)	◀▶	後門(후문)
祖上(조상)	◀▶	後孫(후손)
造花(조화)	◀▶	生花(생화)
晝間(주간)	◀▶	夜間(야간)
重視(중시)	◀▶	無視(무시)
地上(지상)	◀▶	地下(지하)
直流(직류)	◀▶	曲流(곡류) / 交流(교류)

直線(직선)	◀▶	曲線(곡선)
直接(직접)	◀▶	間接(간접)
進步(진보)	◀▶	退步(퇴보)
進化(진화)	◀▶	退化(퇴화)
質問(질문)	◀▶	對答(대답)
車道(차도)	◀▶	人道(인도)
體言(체언)	◀▶	用言(용언)
出勤(출근)	◀▶	退勤(퇴근)
出生(출생) / 生存(생존)	◀▶	死亡(사망)
平和(평화)	◀▶	戰爭(전쟁)
豊年(풍년)	◀▶	凶年(흉년)
豊作(풍작)	◀▶	凶作(흉작)
豊足(풍족)	◀▶	不足(부족)
學生(학생)	◀▶	敎師(교사)
合法(합법)	◀▶	不法(불법)
合成(합성)	◀▶	分解(분해)
害蟲(해충)	◀▶	益蟲(익충)
好感(호감)	◀▶	反感(반감)
後進(후진) / 後退(후퇴)	◀▶	前進(전진)

동음이의어 – 음이 같은 漢字語

한자어의 음은 같으나 뜻이 다른 한자어들이다. 이 부분도 비중이 아주 높다. 앞에서 배운 한자를 복습하며 공부해 보자.

가산 ▶	加算	보탬. 더하기
	家産	한 집안의 재산
가세 ▶	加勢	힘을 보탬.
	家勢	집안 살림 살이의 형세
가용 ▶	可用	사용할 수 있음.
	加用	정한 분량보다 더 씀.
가정 ▶	家庭	한 가족이 살림하고 있는 집 안
	家政	한 집안을 다스리는 일
각자 ▶	各自	각각의 사람이 따로따로.
	角字	도안이나 무늬로 쓰는 네모난 글자
간지 ▶	干支	천간과 지지
	間紙	장정이 접어서 된 책의 종이가 얇아 힘이 없을 때, 접은 각 장 속에 넣어 받치는 종이
감기 ▶	感氣	주로 바이러스로 말미암아 걸리는 호흡 계통의 병
	感起	커다란 감격을 느끼고 분발하여 일어남.
감상 ▶	感想	마음 속에 느끼어 일어나는 생각
	感傷	하찮은 사물에도 쉽게 슬픔을 느끼는 마음
	感賞	마음 속에 깊이 느끼어 칭찬함.
강화 ▶	强火	불길이 강하게 일어나는 불
	强化	모자라는 점을 보완하여 보다 더 튼튼하게 함, 또는 튼튼하여짐.
개량 ▶	改良	고치어 좋게 함.
	改量	토지를 다시 측량함.
개명 ▶	改名	이름을 고침, 또는 그 고친 이름
	開明	사람의 지혜가 열리고 문화가 발달함.
개정 ▶	改正	바르게 고침.
	改定	다시 고치어 정함.
결의 ▶	決意	뜻을 정하여 굳게 가짐, 또는 그 뜻
	結義	남남끼리 의리로써 형제·자매와 같은 관계를 맺음.
경기 ▶	景氣	매매나 거래 따위에 나타난 경제 활동의 상황
	競技	기술의 낫고 못함을 서로 겨루는 일
경로 ▶	敬老	노인을 공경함.
	經路	지나는 길
경사 ▶	慶事	축하할 만한 기쁜 일
	競射	활쏘기나 사격의 실력을 겨룸.
고가 ▶	古家	지은 지 퍽 오래된 집
	高價	값이 비쌈. 비싼 값
고대 ▶	古代	먼 옛날
	高大	높고 큼.
고사 ▶	古事	옛일
	故事	옛날부터 전해오는 유서 깊은 일
고서 ▶	古書	아주 오래전에 간행된 책
	高書	남의 편지나 저서를 높여 이르는 말
고수 ▶	固守	굳게 지킴.
	高手	수가 높음, 또는 그 사람
고지 ▶	高地	평지보다 높은 땅
	告知	알림.
공과 ▶	公課	국가나 지방자치단체에서 국민에게 부과하는 세금
	工科	공학에 관한 학과
공동 ▶	共同	두 사람 이상이 일을 같이 함.
	空洞	텅빈 굴. 동굴
공론 ▶	公論	여럿이 의논함.
	空論	헛된 논의를 함.
공명 ▶	公明	사사로움이나 편벽됨이 없이 공정하고 명백함.
	功名	공을 세워 널리 알려진 이름
	空名	실제와 들어맞지 않는 명성
공사 ▶	公使	외교관의 하나
	空事	보람을 얻지 못하고 쓸데없이 한 노력
	工事	토목이나 건축 등에 관한 일
공약 ▶	公約	어떤 일에 대해 국민에게 하는 약속
	空約	헛된 약속
공용 ▶	公用	공공의 목적으로 사용함.
	共用	공동으로 씀.
공인 ▶	公人	국가, 사회에 영향을 끼치는 사람
	公引	관청에서 허가함을 증명하기 위해 발급한 여행증
	功人	노력과 수고로 이루어 낸 공로가 있는 사람.곧 공로자와 같은말

공중	公衆 사회의 여러 사람 空中 하늘과 땅 사이의 빈 곳
공해	空海 하늘처럼 끝없는 바다 公海 어느 나라의 주권에도 속하지 않아 모든 나라가 공통으로 사용할 수 있는 바다 公害 산업이나 교통의 발달에 따라 사람이나 생물이 입게 되는 여러 가지 피해
과거	科擧 벼슬아치를 뽑기 위하여 보이던 시험 過去 지나간 때
과실	果實 열매. 과일 過失 잘못이나 허물
과장	課長 관청, 회사 등의 한 과의 장 科場 옛날 과거 시험을 치르던 곳
교정	校庭 학교의 마당, 또는 운동장 校正 글자의 잘못된 것을 대조하여 바로 잡음.
교훈	敎訓 사람으로서 나아갈 길을 그르치지 않도록 가르치고 깨우침, 또는 그 가르침 校訓 그 학교의 교육 이념을 간명하게 표현한 말
구도	求道 종교적 깨달음이나 진리를 추구함. 口到 책에만 집중하여 글을 읽음.
구명	救命 사람의 목숨을 구함. 究明 사리나 원인 따위를 깊이 연구하여 밝힘.
국사	國事 나라의 중대한 일. 나라 전체에 관련되는 일 國史 나라의 역사
군민	郡民 행정 구역의 하나인 군 안에 사는 사람 軍民 군인과 민간인
군신	君臣 임금과 신하 軍神 군인의 무운을 지켜준다는 신
귀중	貴中 편지나 물품을 받을 단체의 이름 다음에 쓰는 경어 貴重 매우 소중함.
단가	短歌 짧은 노래. 짧은 형식의 시가 單價 각 단위마다의 값 單家 집안이 세력과 힘이 없어 초라함.
단신	單身 혼자의 몸 短信 짤막한 보도
대가	大家 학문이나 기예 등 전문 분야에 조예가 깊은 사람 代價 물건을 산 값으로 치르는 돈

대비	對比 서로 맞대어 비교함. 對備 무엇에 대응하기 위하여 미리 준비하는 것 大比 관리를 뽑을 때 실시하던 시험
대사	大事 큰 일 大師 덕이 높은 선사에게 내려주는 이름 大使 다른 나라에 파견되어 외교를 맡아보는 최고 직급 또는 그런 일을 하는 사람
대상	大商 큰 상인 大賞 가장 큰 상
대서	大書 드러나게 크게 쓰는 것 代序 다른 사람의 서문을 써 줌.
대신	代身 남을 대리함 大臣 군주 국가에서 장관을 이르는 말
대풍	大豊 곡식이 썩 잘된 풍작, 또는 그러한 일 大風 큰 바람
독자	獨子 외아들 獨自 저 혼자 讀者 책, 신문 등 출판물을 읽는 사람
동기	同氣 형제, 자매의 총칭 同期 같은 시기 冬期 겨울철
동문	同門 같은 학교에서 배운 사람 東門 동쪽에 있는 문
동산	動産 모양이나 성질을 변하지 않게 하여 옮길 수 있는 재물 東山 동쪽에 있는 산
동정	同定 생물의 속 종자를 결정함. 同情 남의 불행, 슬픔 따위를 가슴 아파하고 위로함.
동지	冬至 24절기의 하나. 연중 밤이 가장 긴 날 同志 뜻을 같이 하는 일, 또는 그런 사람
동향	同鄕 같은 고향 東向 동쪽을 향함. 動向 정세, 행동 등이 움직이는 방향
동화	同化 서로 다른 것이 닮아서 같게 됨. 同和 같이 화합함. 童話 어린이를 상대로 하고 동심을 바탕으로 지은 이야기
명명	明明 매우 밝음. 분명하여 의심할 여지가 없음. 命名 이름을 지어 붙임.

독음	한자	뜻
무사	武士	지난날 무도를 닦아서 전쟁이나 군대 등에 종사하던 사람
	無事	아무 일이 없음.
	無死	야구에서 아직 아웃된 사람이 한 사람도 없는 상황
무성	無性	암수 구별이 없음.
	無聲	소리가 없음.
	茂盛	초목이 많이 나서 우거짐.
무용	武勇	무예와 용맹
	無用	소용이 없음. 쓸모 없음.
미명	美名	그럴듯하게 내세운 이름
	未明	날이 채 밝기 전
미식	美食	맛있는 음식을 먹음.
	美式	미국의 형식
	米食	쌀밥을 주식으로 함.
반복	反復	같은 일을 되풀이 함.
	半福	절반이 되는 복. 온전하지 못한 복
발전	發電	전기를 일으킴.
	發展	세력 따위가 성하게 뻗어나감.
방과	放課	그날 하루에 하도록 정해진 학과가 끝남. 또는 학과를 끝냄.
	放過	그대로 지나침.
방문	訪問	남을 찾아봄.
	方文	약을 짓기 위해 약재이름과 분량을 적은것
방한	防寒	추위를 막음.
	訪韓	한국을 방문함.
병력	兵力	병사·병기 등의 총체로서의 군대의 힘
	病歷	이제까지 걸렸던 병의 경력
병사	病死	병에 걸려 죽음.
	兵士	군사
보도	步道	사람이 다니는 길
	報道	새로운 소식을 널리 알림.
보안	保安	안전을 유지함.
	保眼	눈을 보호함.
본성	本姓	본디의 성
	本性	본디의 성질. 타고난 성질
봉사	奉仕	남을 위하여 힘을 바쳐 애씀.
	奉使	사신으로서 명령을 받듦.
부인	富人	물질적으로 부유한 사람
	夫人	남의 아내의 높임말
	婦人	결혼한 여자
부자	富者	살림이 넉넉한 사람
	父子	아버지와 아들
부정	不正	바르지 않음.
	不定	일정하지 않음.
	不精	조촐하거나 깨끗하지 못하고 지저분함.
	不庭	임금을 뵈러 오지 아니함.
	父情	자식에 대한 아버지로서의 정
	否定	그렇지 않다고 함.
분수	分數	자기 신분에 맞는 한도
	分水	흐르는 물을 몇 갈래로 나눔.
비보	飛報	급한 통지. 급보
	悲報	슬픈 소식
비행	非行	도리나 도덕 또는 법규에 어긋나는 행위
	飛行	항공기 따위가 하늘을 날아다님.
사고	事故	뜻밖에 일어난 사건이나 탈
	思考	생각하고 궁리함.
사기	士氣	의욕이나 자신감 등으로 가득차서 굽힐 줄 모르는 의기
	史記	역사적 사실을 적은 책
사료	史料	역사 기술의 소재가 되는 문헌이나 유물 따위 자료
	思料	생각하여 헤아림.
사상	史上	역사상
	事相	본체 대하여 현상계의 각각 차별된 모양
	思想	사고 작용의 결과로 얻은 체계적 의식 내용
사수	射手	총포나 활 따위를 쏘는 사람
	死守	목숨을 걸고 지킴.
사신	四神	천지의 사방을 다스린다는 신
	使臣	임금이나 국가의 명령으로 외국에 심부름을 가는 신하
사유	死有	중생이 목숨이 다하여 죽으려고 하는찰라
	事由	일의 까닭
사은	師恩	스승의 은혜
	四恩	인간이 태어나서 받는 네 가지의 은혜
사인	死人	죽은 사람
	死因	사망의 원인
	使人	심부름꾼
사절	使節	일정한 사명을 띠고 외국에 파견되는 사람
	死絕	목숨이 끊어져 죽음.
사족	四足	동물의 네 발. 네 발 달린 동물
	士族	문벌이 좋은 집안
사지	死地	죽을 지경의 매우 위험한 곳
	四支	사람의 두팔과 두다리를 통틀어 이르는 말

사후	事後 일이 끝난 뒤 死後 죽은 뒤		수석	首席 맨 윗자리 水石 물과 돌. 물과 돌로 이루어진 경치	
산수	山水 경치 算數 수를 계산함. 기초적인 셈법		수세	守勢 적을 맞아 지키는 태세, 또는 힘이 부쳐서 밀리는 형세 水洗 물로 씻음.	
산출	算出 계산해 냄. 産出 물건이 생산되어 나오거나 물건을 생산해 냄.		수수	收受 거두어서 받음. 授受 물품을 주고 받음.	
상가	相加 여러 개의 수를 서로 더함. 商街 상점이 많이 늘어서 있는 거리		수신	水神 물을 다스리는 신 受信 우편, 전보 등의 통신을 받음. 守信 절의를 지킴. 守身 자기의 본분을 지켜 불의에 빠지지 않도록 함.	
상도	想到 생각이 어떤 곳에 미침. 相到 서로에게 다다름. 商道 상도덕				
선두	先頭 첫머리 船頭 배의 앞머리		수양	收養 남의 자식을 맡아 기름. 修養 몸과 마음을 단련하여 품성, 지혜, 도덕을 닦음.	
성명	姓名 성과 이름 聲明 일정한 사항에 관한 견해나 태도를 여러 사람에게 공개하여 발표하는 일		수업	修業 학업이나 기예를 닦음. 授業 학교 같은 데서 학업이나 기술을 가르쳐 줌. 受業 학업이나 기술의 가르침을 받음.	
성인	成人 자라서 어른이 됨. 成仁 인(仁)을 이룸. 또는 덕을 갖춤. 成因 사물이 이루어지는 원인		수학	數學 수량 및 도형의 성질이나 관계를 연구하는 학문 受學 학문을 배우거나 수업을 받음.	
성전	成典 정해진 법칙 星傳 매우 급한 용무로 달리는 역마		순리	順理 도리와 이치에 순종함. 順利 이익을 좇음 또는 순조로움.	
성충	成蟲 다 자라서 생식능력이 있는 곤충 誠忠 마음 속에서 우러나오는 정성		순수	順守 도리를 따라 지킴. 順受 순순히 받음.	
세수	洗手 얼굴을 씻음. 歲首 한 해의 처음. 또는 한 해의 첫 달		습득	拾得 주워서 얻음. 習得 배워서 자기 것으로 함.	
소재	素材 어떤 것을 만드는데 바탕이 되는 자료 所在 어떤 곳에 있음.		시가	市價 상품이 시장에서 팔리는 값 詩歌 시 市街 도시의 큰 거리, 또는 번화한 거리 時價 가격이 바뀌는 상품을 거래할 때의 가격	
소화	消火 붙은 불을 끔. 消化 먹은 음식물을 소화시킴.				
속보	速報 빨리 알리는 것 速步 뛰지 않을 정도로 빠르게 걷는 걸음.		시계	時計 시간을 재거나 시각을 나타내는 장치나 기계 視界 시야	
수도	手刀 새끼손가락 끝에서 손목에 이르는 부분 水道 상수도의 준말. 상수도와 하수도를 두루 일컫는 말 首都 한 나라의 중앙 정부가 있는 도시		시공	施工 공사를 시행함. 時空 시간과 공간	
			시기	時期 어떤 일이나 현상이 진행되는 시점 始期 어떤 일이 시작되는 때. 법률 행위의 효력이 발생하거나 채무의 이행을 청구할 수 있는 기한	
수리	數理 수학의 이론이나 이치 手理 손금 受理 서류를 받아서 처리함.				
수상	授賞 상을 줌. 首相 내각의 우두머리 水上 물 위 受賞 상을 받음.		시상	施賞 상장이나 상품, 상금 따위를 줌. 詩想 시의 구상	

시인 ▶	時人 그때 당시의 사람 詩人 시를 짓는 사람		육성 ▶	肉聲 사람의 입에서 직접 나오는 소리 育成 길러 냄.
시장 ▶	市場 여러 가지 상품을 사고파는 장소 市長 시를 대표하고 시의 행정을 관장하는 직, 또는 그 직에 있는 사람		의사 ▶	醫師 의술과 약으로 병을 고치는 직업에 종사하는 사람 義士 의리와 지조를 굳게 지키는 사람. 나라와 민족을 위해 의로운 행동으로 목숨을 바친 사람 意思 무엇을 하려고 하는 생각이나 마음
식수 ▶	食數 음식을 먹을 기회를 잘 만나게 되는 복 食水 식용으로 쓰는 물		의식 ▶	衣食 의복과 음식 意識 각성하여 정신이 든 상태에서 사물을 깨닫는 일체의 작용
신선 ▶	神仙 선도를 닦아 신통력을 얻은 사람 新鮮 새롭고 산뜻함. 채소나 생선 따위가 싱싱함.		이성 ▶	二姓 서로 다른 두 가지 성씨 二星 견우성과 직녀성을 통틀어 이르는 말 理性 사물의 이치를 생각하는 능력
신설 ▶	新設 새로 설치하거나 설비함. 新說 새로운 학설이나 견해 또는 새로 듣는 이야기 新雪 새로 내려 쌓인 눈		이해 ▶	利害 이익과 손해 理解 사리를 분별하여 앎. 말이나 글의 뜻을 깨쳐 앎.
실례 ▶	失禮 언행이 예의에 어긋남. 實例 실제의 예		인도 ▶	仁道 어진 길 人道 인간으로서 마땅히 지켜야 할 도리, 사람이 다니는 길
실명 ▶	失明 눈이 어두워짐. 시력을 잃음. 實名 실제의 이름		인상 ▶	人相 사람의 얼굴 생김새 引上 끌어 올림. 값을 올림.
실수 ▶	失手 부주의로 잘못을 저지름. 實數 실제의 수효. 유리수와 무리수의 총칭		인정 ▶	仁政 어진 정치 人情 사람이 본디 지니고 있는 온갖 감정 仁情 어진 마음씨
실정 ▶	失政 정치를 잘못함. 實情 실제의 사정		일일 ▶	一日 하루 日日 매일
심산 ▶	心算 속셈 深山 깊은 산		입신 ▶	入神 신의 경지에 이른다는 뜻으로 지혜나 기술이 신묘한 지경에 이름. 立身 사회적으로 인정을 받고 높이 됨. 사회적으로 기반을 닦고 출세함.
양식 ▶	洋式 서양식 洋食 서양 요리 良識 건전한 식견		자신 ▶	自信 자기의 값어치나 능력을 믿음, 또는 그런 마음 自身 제 몸
양자 ▶	養子 입양으로 아들이 된 사람 兩者 두 사람, 또는 두 사물		장관 ▶	將官 군사를 거느리는 우두머리 長官 국무를 맡아보는 행정 각부의 장
역설 ▶	力說 힘써 말함. 逆說 일반적으로 진리라고 인정되는 것에 반하는 설		재개 ▶	再開 활동을한동안 중단했다가 다시 시작함. 再改 한 번 고친 것을 다시 고침.
우수 ▶	牛首 소의 목 雨水 빗물. 24절기의 하나		전경 ▶	全景 전체의 경치 前景 눈 앞에 보이는 경치
유명 ▶	遺命 임금이나 부모 등이 임종할 때 내리는 분부 有名 이름이 있음. 이름이 알려져 있음.		전기 ▶	前期 한 기간을 몇 개로 나눈 첫 시기 傳記 어떤 인물의 생애와 활동을 적은 기록 電氣 전자의 이동으로 생기는 에너지의 한 형태
유언 ▶	流言 근거없이 떠도는 말 遺言 죽음에 이르러 남기는 말			
유전 ▶	油田 석유가 나는 곳 遺傳 물려받아 내려옴. 또는 그렇게 전해짐.			
유지 ▶	有志 마을이나 지역에서 명망있고 영향력을 가진 사람 遺志 죽은 사람의 생전의 뜻			

전력 ▶	全力 가지고 있는 모든 힘 電力 전기의 힘 前歷 과거의 경력 戰力 전투나 경기 따위를 할 수 있는 능력
전사 ▶	戰死 전쟁터에서 싸우다가 죽음. 戰士 싸우는 사람 戰史 전쟁의 사적을 기록한 역사
전승 ▶	全勝 한 번도 지지 않고 모조리 이김. 傳承 계통을 전하여 계승함. 戰勝 싸움에 이김.
전시 ▶	展示 물품을 늘어놓아 보임. 戰時 전쟁이 벌어진 때
절세 ▶	絶世 세상에 비길 데가 없을 만큼 뛰어남. 節稅 적법하게 세금을 되도록 덜 내는 일
정도 ▶	精度 정밀도의 줄임말 正道 올바른 길. 바른 도리
정사 ▶	正史 정확한 사실을 바탕으로 한 역사 政事 정치에 관한 일 情史 남녀의 애정에 관한 기록. 연애를 다룬 소설 情事 남녀 간의 사랑에 관한 일
정세 ▶	政勢 정치상의 형세 情勢 일이 되어가는 사정과 형세
정식 ▶	定式 일정한 방식 正式 규정대로의 바른 방식 定食 식당이나 음식점 따위에서 일정한 식단에 따라 차리는 음식
제작 ▶	題作 내어 준 제목으로 글을 지음. 製作 재료를 가지고 기능과 내용을 가진 새로운 물건이나 예술작품을 만듦.
조선 ▶	造船 선박을 건조함. 朝鮮 우리나라의 옛 이름
조어 ▶	助語 문장에 어구를 보태어 넣는 것 造語 새로 말을 만드는 것
조화 ▶	造花 인공으로 만든 꽃 造化 천지자연의 이치 調和 서로 고르게 잘 어울림.
주의 ▶	主義 사상, 학설 또는 사물의 처리 방법 따위에서 변하지 않는 일정한 이론이나 태도, 또는 방침이나 주장 注意 마음에 새겨 조심함.
중세 ▶	重稅 부담이 큰 조세 中世 고대와 근대의 중간 시대
중지 ▶	中止 중도에서 그만 둠. 中指 가운데 손가락 衆志 많은 사람의 생각이나 의지
지대 ▶	至大 더없이 큼. 地代 남의 토지를 이용하는 사람이 지주에게 무는 세
지사 ▶	志士 크고 높은 뜻을 가진 사람 指事 사물을 가리켜 보임. 知事 도지사의 줄임말
지성 ▶	知性 사물을 알고 생각하고 판단하는 능력 至誠 정성이 지극함.
직선 ▶	直線 곧은 줄 直選 직접 선거
청산 ▶	靑山 풀, 나무가 무성한 푸른 산 淸算 상호간에 채권, 채무 관계를 셈하여 깨끗이 정리함.
초대 ▶	初對 처음으로 대면함. 初代 어떤 계통의 첫 번째 사람
최고 ▶	最古 가장 오래됨. 最高 가장 높음.
축전 ▶	祝電 축하의 전보 祝典 축하하는 의식이나 행사
타자 ▶	打字 타자기로 종이 위에 글자를 찍음. 打者 야구에서 상대편 투수의 공을 치는 공격진의 선수
통화 ▶	通貨 한 나라에서 통용되는 화폐의 총칭 通話 말을 서로 주고받음.
표정 ▶	表情 마음속에 품은 감정이나 정서 따위의 심리 상태가 겉으로 드러남. 表正 바로 잡아서 나타내 보임.
풍속 ▶	風俗 예로부터 그 사회에 전해오는 생활에 관한 습관 風速 바람이 부는 속도
해산 ▶	解産 아이를 낳음. 海産 바다에서 나는 동식물을 통틀어 이르는 말
향수 ▶	香水 향이 나는 액체 화장품 鄕首 무당의 자치단체인 신방청의 우두머리
회기 ▶	回期 돌아올 시기 會期 집회나 회의가 열리는 시기
회의 ▶	會議 여럿이 모여 의논함, 또는 그 모임 會意 한자 육서의 하나. 둘 이상의 한자를 뜻으로 결합시켜 새 글자를 만든 방법

사자성어

사자성어가 이 시험에서 가장 어렵지만 비중이 높은 부분이다. 이제 마지막 부분이므로 조금만 참고 끝까지 최선을 다하자.

各人各色 각인각색
사람마다 각기 다름.

角者無齒 각자무치
뿔이 있는 짐승은 이가 없다. 한 사람이 여러 가지 재주나 복을 다 가질 수 없다는 말

間氣人物 간기인물
세상에 드문 뛰어난 인물

江山不老 강산불로
강산은 늙지 않고 영구불변이라는 뜻으로, 불로장생을 비는 말

改過自新 개과자신
허물을 고쳐 스스로 새롭게 됨.

開化思想 개화사상
낡은 사상과 풍속들을 허물어 버리고 새로운 문화를 일으키고자 하는 사상

客反爲主 객반위주
손님이 도리어 주인 행세를 한다는 뜻으로 사물의 대소, 경중 전후를 뒤바꿈.

去處不明 거처불명
가는 곳이나 간 곳이 분명하지 아니함.

見利思義 견리사의
이익을 보면 의를 먼저 생각함.

見物生心 견물생심
어떠한 실물을 보게 되면 그것을 가지고 싶은 욕심이 생김.

決死反對 결사반대
죽기를 각오하고 있는 힘을 다하여 반대함.

結義兄弟 결의형제
남남끼리 의리로써 형제 관계를 맺음. 또는 그런 형제

結草報恩 결초보은
죽어 혼령이 되어서도 은혜를 잊지 않고 갚음.

經達權變 경달권변
그때 그때의 처지나 형편에 따라 알맞은 수단을 취함을 이르는 말

經世度量 경세도량
세상을 다스려 나갈 만한 성품

敬天愛人 경천애인
하늘을 숭배하고 인간을 사랑함.

計無所施 계무소시
꾀는 있으나 쓸 만한 데가 없음.

高聲放歌 고성방가
큰소리로 떠들고 마구 노래 부름.

骨肉相爭 골육상쟁
가까운 혈족끼리 서로 싸움.

公明正大 공명정대
하는 일이나 태도가 사사로움이나 그릇됨이 없이 아주 정당하고 떳떳함.

公才公望 공재공망
정승이 될 만한 재덕과 인망

空前絕後 공전절후
전에도 없었고 앞으로도 없음.

共存共榮 공존공영
함께 살고 함께 번영

敎外別傳 교외별전
석가의 설교 외에 석가가 마음으로써 따로 깊은 뜻을 전함.

交友以信 교우이신
친구를 믿음으로써 사귐.

敎學相長 교학상장
가르치는 사람과 배우는 사람이 서로의 학업을 증진시킴.

救國干城 구국간성
나라를 구하는 방패와 성이란 뜻. 나라를 지키는 사람

九死一生 구사일생
아홉 번 죽을 뻔하다 한 번 살아난다. 죽을 고비를 여러 차례 넘기고 겨우 살아남.

九牛一毛	구우일모 / 많은 양 중에서 극히 적은 양
君臣有義	군신유의 / 임금과 신하 사이의 도리는 의리에 있음.
權不十年	권불십년 / 권세는 십 년을 가지 못한다는 뜻으로, 아무리 높은 권세라도 오래가지 못함.
貴不可言	귀불가언 / 지위나 신분이 높고 귀하다는 뜻
金權萬能	금권만능 / 돈의 힘으로 되지 않는 일이 없다는 뜻
金石爲開	금석위개 / 강한 의지로 전력을 다하면 어떤 일에도 성공할 수 있다는 말
今時初見	금시초견 / 바로 지금 처음으로 봄.
今時初聞	금시초문 / 바로 지금 처음으로 들음.
起死回生	기사회생 / 거의 죽을 뻔하다가 도로 살아남.
氣山心海	기산심해 / 기운은 산과 같이 높고 마음은 바다와 같이 넓다는 의미
落落難合	낙락난합 / 뜻이 높고 커서 다른 사람과 서로 맞지 않음을 이르는 말
樂天知命	낙천지명 / 천명을 깨달아 즐기면서 이에 순응하는 일
落花流水	낙화유수 / 떨어지는 꽃과 흐르는 물이라는 뜻으로, 가는 봄의 경치를 이르는 말
難兄難弟	난형난제 / 서로 엇비슷함. 막상막하
南男北女	남남북녀 / 우리 나라에서 남자는 남쪽 지방이 잘나고 여자는 북쪽 지방이 고움을 이르는 말
男女老少	남녀노소 / 남자와 여자, 늙은이와 젊은이란 뜻. 모든 사람을 이르는 말
男女有別	남녀유별 / 유교에서 남자와 여자 사이에 분별이 있어야 함을 이르는 말
南船北馬	남선북마 / 남쪽은 배, 북쪽은 말이란 뜻으로, 바쁘게 돌아다님을 이르는 말
老少同樂	노소동락 / 노인과 젊은이가 함께 즐김.
論功行賞	논공행상 / 공적의 크고 작음 따위를 논의하여 그에 알맞은 상을 줌.
能小能大	능소능대 / 모든 일에 두루 능함.
多多益善	다다익선 / 많을수록 더욱 좋음.
多事多難	다사다난 / 여러 가지 일도 많고 어려움이나 탈도 많음.
多才多能	다재다능 / 재주와 능력이 여러 가지로 많음.
多情多感	다정다감 / 정이 많고 감정이 풍부함.
單刀直入	단도직입 / 혼자서 칼 한 자루를 들고 적진으로 곧장 쳐들어간다. 여러 말을 늘어놓지 않고 바로 요점이나 본문제를 말함.
丹誠無二	단성무이 / 진심을 다해 성심성의로 일을 행함.
代代孫孫	대대손손 / 오래도록 내려오는 여러 대
大道無門	대도무문 / 사람으로서 마땅히 지켜야 할 큰 도리나 정도에는 거칠 것이 없다는 뜻
大明天地	대명천지 / 아주 환하게 밝은 세상
大失所望	대실소망 / 바라던 것이 아주 허사가 되어 크게 실망함.
獨不將軍	독불장군 / 무슨 일이든 자기 생각대로 혼자서 처리하는 사람

讀書三到	독서삼도 독서하는 데는 눈으로 보고, 입으로 읽고, 마음으로 깨우쳐야 함.	名山大川	명산대천 이름난 산과 큰 내
讀書尙友	독서상우 책을 읽음으로써 옛 현인과 벗함.	明若觀火	명약관화 불을 보듯 뻔함.
獨陽不生	독양불생 혼자서는 아이를 낳을 수 없듯이, 반드시 상대가 있어야 한다는 말	木石草花	목석초화 나무, 돌, 풀, 꽃이란 뜻으로, 자연을 일컫는 말
東問西答	동문서답 물음과는 전혀 상관없는 엉뚱한 대답	無不通知	무불통지 무슨 일이든지 환히 통하여 모르는 것이 없음.
東西古今	동서고금 동양과 서양, 옛날과 지금을 통틀어 이르는 말	無所不爲	무소불위 하지 못하는 일이 없음.
東西南北	동서남북 동쪽, 서쪽, 남쪽, 북쪽이라는 뜻으로, 모든 방향을 이르는 말	務實力行	무실역행 참되고 실속 있도록 힘써 실행함.
同姓同本	동성동본 성(姓)과 본관이 모두 같음.	無爲自然	무위자연 인공을 가하지 않은 그대로의 자연
同時多發	동시다발 같은 때나 시기에 많이 발생함.	聞一知十	문일지십 하나를 듣고 열을 앎.
冬溫夏淸	동온하정 부모에게 효도함. 겨울은 따뜻하게 여름은 시원하게 해드림.	門前成市	문전성시 찾아오는 사람이 많아 문 앞이 시장을 이루다시피 함.
得失相半	득실상반 이로움과 해로움이 서로 마찬가지임.	物有本末	물유본말 사물에는 근본과 끝이 있다는 뜻으로, 사물의 질서를 일컫는 말
得意滿面	득의만면 뜻한 바를 이루어서 얼굴의 표정이 밝고 기쁨이 가득함.	白骨南行	백골남행 과거를 거치지 아니하고 조상의 혜택으로 얻는 벼슬
馬耳東風	마이동풍 남의 말을 대충 들음.	百工技藝	백공기예 온갖 장인의 재주
萬古不變	만고불변 아주 오랜 세월 동안 변하지 아니함.	百年大計	백년대계 먼 앞날까지 미리 내다보고 세우는 크고 중요한 계획
萬里長城	만리장성 왕래할 수 없게 높게 쌓은 긴 장벽	百年同樂	백년동락 부부가 되어 한평생을 같이 살며 함께 즐거워함.
滿城風雨	만성풍우 사건이 널리 알려진다는 뜻	百年河淸	백년하청 시간이 가도 해결의 기미가 없음.
滿場一致	만장일치 회의에 모인 사람의 뜻이 완전히 일치함.	百萬長者	백만장자 재산이 매우 많은 사람, 또는 아주 큰 부자

白面書生	백면서생 오직 글만 읽고 세상사에 경험이 없는 사람
百發百中	백발백중 백번 쏘아 백번을 맞힌다. 총이나 활 따위를 쏠 때마다 겨눈 곳에 다 맞음.
白衣民族	백의민족 흰옷을 입은 민족이라는 뜻으로, '한민족'을 이르는 말
百戰老將	백전노장 많은 전투를 치른 노련한 병사. 세상 일을 많이 치러서 모든 일에 노련한 사람
百戰百勝	백전백승 싸울 때마다 다 이김.
百害無益	백해무익 해롭기만 하고 하나도 이로운 바가 없음.
別有天地	별유천지 우리가 살고 있는 이 세상 밖의 다른 세상. 특별히 경치가 좋거나 분위기가 좋은 곳
兵家者流	병가자류 군사학에 매우 정통한 사람
夫婦有別	부부유별 남편과 아내 사이의 도리는 서로 침범하지 않음을 이름.
父子有親	부자유친 아버지와 아들 사이에는 친애해야 함을 이르는 말
父傳子傳	부전자전 아버지가 아들에게 대대로 전함.
北窓三友	북창삼우 거문고, 술, 시(詩)를 아울러 이르는 말
不可思議	불가사의 사람의 생각으로는 미루어 헤아릴 수 없이 이상하고 야릇함.
不勞所得	불로소득 직접 일을 하지 아니하고 얻는 수익
不老長生	불로장생 늙지 아니하고 오래 삶.
不立文字	불립문자 문자나 말로써 도를 전하지 아니함. 불가의 뜻이 마음에서 마음으로 전해짐.
不問可知	불문가지 묻지 아니하여도 알 수 있음.
不問曲直	불문곡직 잘잘못을 묻지 않고 함부로 행함.
不遠千里	불원천리 천리길도 멀다고 여기지 않음.
飛耳長目	비이장목 먼 데 있는 것을 잘 보고 잘 듣는 귀와 눈이라는 뜻으로, 학문이나 사물에 대한 관찰이 넓고 날카로움을 이르는 말
非一非再	비일비재 같은 현상이나 일이 한두 번이나 한둘이 아니고 많음.
士農工商	사농공상 예전에, 백성을 나누던 네 가지 계급으로 선비, 농부, 공장(工匠), 상인
四面春風	사면춘풍 누구에게나 좋게 대하는 일, 또는 그런 사람을 비유적으로 이르는 말
四方八方	사방팔방 여기저기 모든 방향이나 방면
事親以孝	사친이효 어버이를 섬김에 효도로써 함.
四通八達	사통팔달 도로나 교통망, 통신망 따위가 이리저리 사방으로 통함.
四海兄弟	사해형제 온 세상 사람이 모두 형제와 같다는 뜻으로, 친밀함을 이르는 말
山戰水戰	산전수전 산에서도 싸우고 물에서도 싸웠다. 세상의 온갖 고생과 어려움
山川草木	산천초목 산과 내와 풀과 나무라는 뜻으로, 자연을 이르는 말
殺身成仁	살신성인 자기의 몸을 희생하여 인(仁)을 이룸.
三三五五	삼삼오오 서너 사람 또는 대여섯 사람이 떼를 지어 다니거나 무슨 일을 함, 또는 그런 모양
三十六計	삼십육계 꾀가 아주 많음. 형편이 불리하면 언제든지 달아남을 이르는 말

三人成虎	삼인성호 세 사람이 짜면 거리에 범이 나왔다는 거짓말도 꾸밀 수 있다. 근거 없는 말이라도 여러 사람이 말하면 곧이듣게 됨.	是是非非	시시비비 여러 가지의 잘잘못을 옳고 그름을 따지며 다툼.
三日天下	삼일천하 3일간의 천하라는 뜻. 권세의 허무를 일컫는 말. 짧은기간 동안 정권을 잡았다가 실권함을 비유	施政改善	시정개선 정치를 올바르게 고침.
三戰三走	삼전삼주 세 번 싸워 세 번 다 패하여 달아남.	食以爲天	식이위천 먹는 것으로 하늘을 삼는다는 뜻. 사람이 살아가는 데 먹는 것이 가장 중요하다는 말
三千世界	삼천세계 불교에서 3천 개나 되는 세계라는 뜻으로 넓은 세계 또는 세상.	身言書判	신언서판 사람됨을 판단하는 네 가지 기준, 즉 몸, 말, 글, 판단력
相愛相助	상애상조 서로 사랑하고 서로 도움.	實事求是	실사구시 사실에 토대를 두어 진리를 탐구하는 일
生老病死	생로병사 사람이 나고 늙고 병들고 죽는 네 가지 고통	十年知己	십년지기 오래 전부터 함께 사귀어 온 친구
生面不知	생면부지 서로 한 번도 만난 적이 없어서 전혀 알지 못하는 사람, 또는 그런 관계	十生九死	십생구사 열 번 살고 아홉 번 죽는다는 뜻. 위험한 상황을 겨우 벗어남.
生死骨肉	생사골육 죽은 자를 살려 백골에 살을 붙인다는 뜻으로 큰 은혜를 베풂을 이르는 말	十中八九	십중팔구 열 가운데 여덟이나 아홉 정도로 거의 대부분이거나 틀림없음.
生死大海	생사대해 생사가 육도에 윤회하여 끝이 없음을 무한한 바다에 비유하여 이르는 말	兒童走卒	아동주졸 철없는 아이들과 어리석은 사람들을 이르는 말
生死存亡	생사존망 살아 있음과 죽어 없어짐.	安家樂業	안가낙업 편안히 살면서 생업을 즐김.
善男善女	선남선녀 착하고 어진 사람들	安分知足	안분지족 편안한 마음으로 제 분수를 지키며 만족할 줄 앎.
雪上加雪	설상가설 눈 위에 또 눈이 덮인다는 뜻으로 불행한 일이 겹쳐서 일어남을 이르는 말	安心立命	안심입명 천명을 깨닫고 생사를 초탈하여 마음의 평안을 얻음.
說往說來	설왕설래 서로 변론을 주고받으며 옥신각신함, 또는 말이 오고 감.	愛國愛族	애국애족 자기 나라와 겨레를 사랑함.
世上萬事	세상만사 세상에서 일어나는 온갖 일	愛着生死	애착생사 죽는 것을 싫어하여 이승의 삶에 집착함.
速戰速決	속전속결 싸움을 오래 끌지 않고 될 수 있는 대로 재빨리 싸워 승패를 가림.	夜光明月	야광명월 밤에 세상을 밝혀 주는 밝은 달
水火不通	수화불통 물과 불은 서로 통하지 않는다는 뜻으로, 친교가 이루어질 수 없음.	夜半無禮	야반무례 어두운 밤에는 예의를 갖추지 못한다는 뜻

弱肉强食	약육강식 약한 자가 강한 자에게 먹힌다. 강한 자가 약한 자를 희생시켜서 번영하거나, 약한 자가 강한 자에게 끝내는 멸망됨.
若存若亡	약존약망 있는 둥 마는 둥
良玉美金	양옥미금 좋은 옥과 아름다운 금이라는 뜻. 아주 좋은 문장을 비유한 말
魚東肉西	어동육서 제사상을 차릴 때, 생선 반찬은 동쪽에 놓고 고기 반찬은 서쪽에 놓는 일
魚頭一味	어두일미 물고기는 머리 쪽이 가장 맛이 있다는 말
語不成說	어불성설 말이 조금도 사리에 맞지 아니함.
漁兄漁弟	어형어제 낚시 친구를 두고 이르는 말
言中有骨	언중유골 말 속에 뼈가 있다는 뜻으로, 예사로운 말 속에 단단한 속뜻이 들어 있음.
言行一致	언행일치 말과 행동이 서로 같음, 또는 말한 대로 실행함.
逆旅過客	역려과객 인생은 나그네와 같다는 뜻
熱血男兒	열혈남아 열정의 피 끓는 사나이
永不出世	영불출세 집안에 들어 박혀 영영 세상에 나오지 않음.
玉骨仙風	옥골선풍 살빛이 희고 고결하여 신선과 같은 풍채
玉海金山	옥해금산 맑고 깊은 바다와 단단한 산이라는 뜻. 고상한 인품을 비유
溫故知新	온고지신 옛것을 익혀서 그것으로 미루어 새 것을 깨달음.
往來不絶	왕래부절 자주 오고 가서 끊이지 아니함.
樂山樂水	요산요수 산수(山水)의 자연을 즐기고 좋아함.
勇往直進	용왕직진 거리낌 없이 힘차고 용감하게 나아감.
右往左往	우왕좌왕 이리저리 왔다갔다 하며 일이나 나아가는 방향을 종잡지 못함.
牛耳讀經	우이독경 쇠귀에 경 읽기. 아무리 가르치고 일러 주어도 알아듣지 못함.
宇宙萬物	우주만물 우주 안에 있는 온갖 사물
月下老人	월하노인 부부의 인연을 맺어 준다는 전설상의 늙은이
有口無言	유구무언 입이 있어도 할 말이 없음. 변명을 못함.
有名無實	유명무실 이름만 그럴듯하고 실속은 없음.
有備無患	유비무환 미리 준비가 되어 있으면 걱정할 것이 없음.
由前由後	유전유후 앞 뒤가 같음.
肉多骨少	육다골소 살이 많고 뼈가 적음.
音信不通	음신불통 연락이 끊겨 소식을 알 수 없음.
義氣男兒	의기남아 용기가 있는 남자
以心傳心	이심전심 말이나 글로 전하지 않고 마음에서 마음으로 전함.
以熱治熱	이열치열 열은 열로써 다스림. 힘은 힘으로 물리침.
移天易日	이천역일 하늘을 옮기고 해를 바꾼다는 뜻. 정치권력을 빼앗음을 비유

二八靑春	이팔청춘 16세 무렵의 꽃다운 청춘, 또는 혈기 왕성한 젊은 시절	一朝一夕	일조일석 하루 아침과 하루 저녁이란 뜻으로, 짧은 시일을 이르는 말
移風易俗	이풍역속 옳지 않은 풍속이 좋은 방면으로 바뀜.	日進月步	일진월보 하루하루, 다달이 끊임없이 진보하고 발전함.
因果應報	인과응보 과거 또는 전생의 선악의 인연에 따라 뒷날의 길흉화복을 받음.	一進一退	일진일퇴 한 번 앞으로 나아갔다 한 번 뒤로 물러섰다함.
人命在天	인명재천 사람의 목숨은 하늘에 달려 있다. 목숨의 길고 짧음은 사람의 힘으로 어쩔 수 없음.	一波萬波	일파만파 금새 사방으로 번져 나감.
人事不省	인사불성 제 몸에 벌어지는 일을 모를 만큼 정신을 잃은 상태	一片丹心	일편단심 한 조각의 붉은 마음이라는 뜻으로, 진심에서 우러나오는 변치 않는 마음
人山人海	인산인해 사람이 산을 이루고 바다를 이루었다. 사람이 수없이 많이 모인 상태	立身出世	입신출세 성공하여 세상에 이름이 드날림.
一擧兩得	일거양득 한 가지 일로 두 가지 이득을 취함.	入耳出口	입이출구 들은 바를 곧장 남에게 말함.
一口二言	일구이언 한 입으로 두 말을 한다. 한 가지 일에 대하여 말을 이랬다저랬다 함.	立春大吉	입춘대길 입춘을 맞이하여 좋은 운수를 기원하는 글
一問一答	일문일답 한 번 물음에 대하여 한 번 대답함.	自問自答	자문자답 스스로 묻고 스스로 대답함.
一石二鳥	일석이조 돌 한 개를 던져 새 두 마리를 잡는다는 뜻으로, 동시에 두 가지 이득을 봄.	子孫萬代	자손만대 오래도록 내려오는 여러 대
一心同體	일심동체 한마음 한 몸이라는 뜻으로, 서로 굳게 결합함을 이르는 말	自手成家	자수성가 물려받은 재산이 없이 자기 혼자의 힘으로 집안을 일으키고 재산을 모음.
一言半句	일언반구 한 마디 말과 반 구절이라는 뜻으로, 아주 짧은 말을 이르는 말	自業自得	자업자득 자기가 저지른 일의 결과를 자기가 받음.
一日三省	일일삼성 매일 세 번 자신을 반성함.	自由自在	자유자재 거침없이 자기 마음대로 할 수 있음.
一日三秋	일일삼추 하루가 삼 년 같다는 뜻으로, 몹시 애태우며 기다림을 이르는 말	自初至終	자초지종 처음부터 끝까지의 과정
一字無識	일자무식 글자를 한 자도 모를 정도로 무식함, 또는 그런 사람	作心三日	작심삼일 단단히 먹은 마음이 사흘을 가지 못한다는 뜻으로, 결심이 굳지 못함을 이름.
一長一短	일장일단 일면의 장점과 다른 일면의 단점을 통틀어 이르는 말	再起不能	재기불능 다시 일어설 능력이 없음.

再三再四	재삼재사 여러 번 반복함.
電光石火	전광석화 번갯불이나 부싯돌의 불이 번쩍거리는 것과 같이 짧은 시간이나 재빠른 움직임
前代未聞	전대미문 이제까지 들어본 적이 없는 일
前無後無	전무후무 전에도 없었고 앞으로도 없음.
全心全力	전심전력 온 마음과 온 힘
朝變夕改	조변석개 아침 저녁으로 뜯어 고침.
早失父母	조실부모 어려서 부모를 여읨.
存心養性	존심양성 양심을 잃지 말고 그대로 간직하여 하늘이 주신 본성을 키워 나가는 것
種豆得豆	종두득두 콩을 심어 콩을 얻는다는 뜻. 원인에 따라 결과가 생긴다는 말
罪不容死	죄불용사 죄가 너무나 커서 사형에 처해지더라도 죄가를 다 치를 수 없음.
主客一體	주객일체 주체와 객체가 하나가 됨.
晝思夜度	주사야탁 낮에 생각하고 밤에 헤아린다는 뜻. 밤낮을 가리지 않고 깊이 생각함.
晝夜長川	주야장천 밤낮으로 쉬지 아니하고 연달음.
竹馬故友	죽마고우 어릴 때, 대나무말을 타고 놀며 같이 자란 친구
衆口難防	중구난방 여러 사람의 말을 막기가 어려움.
知名人士	지명인사 이름이 세상에 널리 알려진 사람
地上天國	지상천국 천국은 하늘에서 찾을 것이 아니라 이 현실 사회에서 세워야 한다는 완전한 이상 세계
至誠感天	지성감천 정성이 지극하면 하늘도 감동함. 어떤 일을 정성껏 하면 좋은 결과를 맺음.
知恩報恩	지은보은 은혜를 알고 그 은혜에 보답함.
進退兩難	진퇴양난 앞으로 나아가기도 어렵고 뒤로 물러나기도 어려움.
着足無處	착족무처 발을 붙이고 설 자리가 없다는 뜻. 기반으로 삼아 의지할 곳이 없음.
千里同風	천리동풍 천 리나 떨어진 곳에도 같은 바람이 분다는 뜻. 천하가 통일되어 평화로움을 비유
千里萬里	천리만리 거리가 매우 멂.
千萬多幸	천만다행 아주 다행함.
天下第一	천하제일 세상에 견줄 만한 것이 없이 최고임.
靑山流水	청산유수 산에 맑은 물이라는 뜻으로, 막힘없이 썩 잘하는 말을 비유적으로 이르는 말
靑天白日	청천백일 하늘이 맑게 갠 대낮. 혐의가 풀리어 무죄가 됨
淸風明月	청풍명월 맑은 바람과 밝은 달
秋月春風	추월춘풍 가을 달과 봄바람이라는 뜻. 흘러가는 세월을 이르는 말
春風滿面	춘풍만면 얼굴에 봄바람이 가득하다는 뜻. 얼굴에 기쁨이 가득한 모양
春風秋雨	춘풍추우 봄에 부는 바람과 가을에 내리는 비라는 뜻. 지나가는 세월을 이르는 말
出告反面	출곡반면 밖에 나갈 때 가는 곳을 반드시 아뢰고, 되돌아와서는 반드시 얼굴을 보여 드림.

忠言逆耳	충언역이 바른 말은 귀에 거슬린다는 뜻. 곧고 진실한 말일수록 듣기 싫어함을 이르는 말	海千山千	해천산천 바다에서 천 년 산에서 천 년을 산 뱀은 용이 된다는 뜻. 오랜 경험으로 세상 안팎을 다 알아 지나치게 약삭빠름.
忠孝兩全	충효양전 충성과 효도를 모두 갖추고 있음.	行方不明	행방불명 곳이나 방향을 모름.
治國安民	치국안민 나라를 다스리고 백성을 편안하게 함.	向方不知	향방부지 어디가 어디인지 방향을 분간하지 못함.
治山治水	치산치수 산과 물을 다스려 재해를 방지함.	血風血雨	혈풍혈우 피 바람과 피 비라는 뜻으로, 격렬한 혈투를 말함.
太和爲政	태화위정 대화합을 정치의 근본으로 삼는다는 뜻. 뭉치면 이기고 흩어지면 패함을 이르는 말	形形色色	형형색색 형상과 빛깔 따위가 서로 다른 여러 가지
特筆大書	특필대서 잘 보이게 큰 글씨로 쓴다는 뜻. 중대한 기사에 특별히 비중을 둘때 다룸.	好衣好食	호의호식 좋은 옷을 입고 좋은 음식을 먹음.
八道江山	팔도강산 팔도의 강산이라는 뜻으로, 우리 나라 전체의 강산을 이르는 말	花朝月夕	화조월석 경치 좋은 시절, 즉 봄과 가을
八方美人	팔방미인 어느 모로 보나 아름다운 사람. 여러 방면에 능통한 사람을 비유적으로 이르는 말	患得患失	환득환실 이익이나 지위를 얻기 전에는 얻으려고 근심하고 얻은 후에는 잃을까 걱정한다는 뜻. 근심 걱정이 끊일 사이가 없음을 비유
敗家亡身	패가망신 집안의 재산을 다 써 없애고 몸을 망침.	黃金萬能	황금만능 돈만 있으면 무엇이든지 할 수 있음을 이르는 말
風雲大手	풍운대수 시대나 형편의 대세	後生大事	후생대사 내세에서의 편안함과 즐거움을 가장 소중히 여기는 마음으로 덕행을 쌓음.
皮骨相接	피골상접 살가죽과 뼈가 맞붙을 정도로 몹시 마름.	興國强兵	흥국강병 나라를 일으키고 군사를 강하게 함.
筆問筆答	필문필답 질문을 글로 써서 보이고, 회답을 글로 써서 보이는 일. 글을 써서 문답함.		

CHAPTER 04

모의고사 및 정답

지금까지 배운 한자를 총복습하고,
시험의 패턴을 익히는 목적으로 차분히 풀어보자.

모의고사 01 | 지금까지 배운 내용을 문제로 풀어보아요

제 1영역　漢　字

01-02 다음 한자(漢字)의 부수(部首)는 무엇입니까?

01　日 : ① 三　② 口　③ 日　④ 一　⑤ 二
02　難 : ① 堇　② 艹　③ 大　④ 口　⑤ 隹

03-04 다음 한자(漢字)의 획수(劃數)는 모두 몇 획입니까?

03　弓 : ① 1　② 2　③ 3　④ 4　⑤ 5
04　造 : ① 9　② 10　③ 11　④ 12　⑤ 13

05-06 다음 필순(筆順)에 대한 설명에 가장 알맞은 한자(漢字)는 어느 것입니까?

05　글자를 꿰뚫는 획은 나중에 긋는다.
　　① 射　② 處　③ 罪　④ 事　⑤ 湖

06　삐침과 파임이 교차할 때 삐침을 먼저 쓴다.
　　① 文　② 存　③ 氏　④ 氷　⑤ 兄

07-08 다음 한자(漢字)와 그 조자(造字)의 방식이 같은 한자는 어느 것입니까?

〈보기〉日 : ① 山　② 休　③ 下　④ 江
〈보기〉에 제시된 한자 '日(해의 모습을 본떠서 만들었음)'처럼 구체적인 사물의 모습을 본떠서 만든 상형자(象形字)는 '山(산의 모습을 본떠서 만들었음)'이다. 따라서 정답 ①을 골라 답란에 표기하면 된다.

07　上 : ① 斗　② 怒　③ 夜　④ 研　⑤ 本
08　犬 : ① 耳　② 防　③ 夜　④ 研　⑤ 故

09-14 다음 한자(漢字)의 음(音)은 무엇입니까?

09　勤 : ① 검　② 권　③ 건　④ 륵　⑤ 근
10　權 : ① 가　② 간　③ 권　④ 근　⑤ 각
11　氷 : ① 천　② 영　③ 수　④ 일　⑤ 빙
12　勝 : ① 손　② 수　③ 승　④ 추　⑤ 순
13　遺 : ① 귀　② 견　③ 수　④ 유　⑤ 추
14　着 : ① 준　② 절　③ 착　④ 발　⑤ 차

15-19 다음의 음(音)을 가진 한자는 어느 것입니까?

15　가 : ① 連　② 街　③ 廣　④ 等　⑤ 久
16　변 : ① 變　② 判　③ 復　④ 藝　⑤ 郡
17　주 : ① 支　② 禁　③ 浴　④ 走　⑤ 難
18　기 : ① 到　② 洞　③ 兆　④ 的　⑤ 基
19　료 : ① 讀　② 料　③ 打　④ 比　⑤ 早

20-24 다음 한자(漢字)와 음(音)이 같은 한자는 어느 것입니까?

20　個 : ① 改　② 犬　③ 季　④ 烏　⑤ 素
21　丹 : ① 根　② 街　③ 寺　④ 雪　⑤ 短
22　射 : ① 殺　② 使　③ 識　④ 視　⑤ 奉
23　守 : ① 收　② 兵　③ 律　④ 圖　⑤ 世
24　夏 : ① 應　② 若　③ 算　④ 河　⑤ 備

25-30 다음 한자(漢字)의 뜻은 무엇입니까?

25　勞 : ① 어렵다　② 일하다　③ 성내다
　　　　④ 뜨겁다　⑤ 사귀다
26　短 : ① 콩　② 팥　③ 짧다
　　　　④ 길다　⑤ 굽다
27　量 : ① 잡다　② 무겁다　③ 멀다
　　　　④ 가깝다　⑤ 헤아리다
28　施 : ① 막다　② 아쉽다　③ 떠밀다

④ 베풀다　⑤ 갖추다

29 助 : ① 버티다　② 돕다　③ 빌리다
　　　④ 먹다　⑤ 주다

30 地 : ① 집　② 땅　③ 별
　　　④ 달　⑤ 하늘

31-35 다음의 뜻을 가진 한자(漢字)는 어느 것입니까?

31 춤추다 : ① 射　② 舞　③ 製　④ 畵　⑤ 唱
32 뿌리　 : ① 堂　② 質　③ 近　④ 根　⑤ 充
33 군사　 : ① 走　② 卒　③ 街　④ 兆　⑤ 追
34 다스리다: ① 容　② 鮮　③ 勤　④ 民　⑤ 治
35 머리　 : ① 革　② 凶　③ 不　④ 末　⑤ 頭

36-40 다음 한자(漢字)와 뜻이 비슷한 한자는 어느 것입니까?

36 加 : ① 星　② 益　③ 恩　④ 育　⑤ 業
37 往 : ① 元　② 以　③ 去　④ 烏　⑤ 位
38 體 : ① 仙　② 身　③ 易　④ 藥　⑤ 花
39 畵 : ① 調　② 平　③ 片　④ 血　⑤ 午
40 殺 : ① 商　② 次　③ 幸　④ 死　⑤ 貝

제2영역　語彙

41-43 다음 한자어(漢字語)와 발음(發音)이 같은 한자어는 어느 것입니까?

41 人情 : ① 協定　② 定婚　③ 仁政　④ 合唱　⑤ 非行
42 空氣 : ① 觀光　② 內面　③ 工期　④ 同樂　⑤ 線路
43 事故 : ① 例文　② 思考　③ 每日　④ 言語　⑤ 所重

44-51 다음 단어들의 '□'에 공통으로 들어갈 알맞은 한자(漢字)는 어느 것입니까?

44 □入, □國, 進□ :
　① 席　② 母　③ 出　④ 治　⑤ 然

45 孝□, □愛, 兩□ :
　① 行　② 河　③ 滿　④ 者　⑤ 親

46 命□, □心, □間 :
　① 美　② 表　③ 忠　④ 中　⑤ 位

47 來□, □齒, 幼□ :
　① 感　② 老　③ 年　④ 大　⑤ 移

48 有□, 原□, □過 :
　① 水　② 賣　③ 變　④ 罪　⑤ 畫

49 希□, 願□, □月 :
　① 求　② 望　③ 將　④ 退　⑤ 敗

50 □事, □決, □明 :
　① 判　② 到　③ 病　④ 度　⑤ 獨

51 □體, □武, □理 :
　① 問　② 文　③ 聞　④ 門　⑤ 間

52-55 다음 한자어(漢字語)와 뜻이 반대(反對)이거나 상대(相對)되는 한자어는 어느 것입니까?

52 前方 : ① 後進　② 前進　③ 前後　④ 後方　⑤ 四方
53 公衆 : ① 小數　② 個人　③ 大衆　④ 記入　⑤ 每事
54 失敗 : ① 原告　② 原罪　③ 結果　④ 成功　⑤ 初步
55 進步 : ① 下落　② 同感　③ 退步　④ 增加　⑤ 算出

56-60 다음 성어(成語)에서 '□'에 들어갈 알맞은 한자(漢字)는 어느 것입니까?

56 君子三□ : ① 入　② 樂　③ 行　④ 得　⑤ 訓
57 見□思義 : ① 利　② 金　③ 大　④ 千　⑤ 應
58 □故知新 : ① 樹　② 訓　③ 恩　④ 只　⑤ 溫
59 □口無言 : ① 牛　② 有　③ 末　④ 亡　⑤ 快
60 生□不知 : ① 千　② 天　③ 面　④ 宅　⑤ 效

61-65 다음 성어(成語)의 뜻풀이로 적절한 것은 어느 것입니까?

61 多多益善
① 너무 싼 물건은 좋지 않다.
② 많으면 많을수록 더욱 좋다.
③ 착한 일을 많이 하면 복을 받는다.
④ 재산이 많으면 착한 일 하기 어렵다.
⑤ 자기의 욕심을 누르고 예의범절을 따름

62 白面書生
① 나태한 사람
② 학식이 높은 사람
③ 추운 지역에 사는 사람
④ 몹시 놀라 얼굴빛이 하얗게 질림
⑤ 세상일에 조금도 경험이 없는 사람

63 一擧兩得
① 등잔 밑이 어둡다.
② 지나침은 모자람과 같다.
③ 어버이에게 효도하는 사람
④ 한가지 일로 두가지 이득을 취함.
⑤ 눈앞에 벌어진 상황 따위를 눈뜨고는 차마 볼수 없음

64 作心三日
① 뇌물을 함부로 받다.
② 공적인 일에 사적인 감정을 드러내다.
③ 모든 일에 대해 정성을 다하여 임하다.
④ 결심이 얼마되지 않아 흐지부지되다
⑤ 자기가 한 일에 대하여 스스로 미흡하게 여기는 마음

65 前代未聞
① 이날 저날 미룸.
② 하늘이 정하여 준 연분
③ 호화로운 술잔치
④ 주체와 객체가 하나가 됨.
⑤ 이제까지 들어본 적이 없는 일

66-70 다음의 뜻을 가장 잘 나타낸 성어(成語)는 어느 것입니까?

66 날마다 여러 가지 면에서 자신에 대해 반성하다.
① 多才多能 ② 一日三省 ③ 三日天下
④ 殺身成仁 ⑤ 靑山流水

67 어릴 때부터 가까이 지내며 자란 친구
① 益者三友 ② 言中有骨 ③ 東問西答
④ 竹馬故友 ⑤ 是是非非

68 불을 보듯 뻔함
① 明若觀火 ② 難兄難弟 ③ 一長一短
④ 以心傳心 ⑤ 自手成家

69 아주 다행함
① 有名無實 ② 四通八達 ③ 人命在天
④ 樂山樂水 ⑤ 千萬多幸

70 이익을 보면 의를 먼저 생각함
① 一言半句 ② 一長一短 ③ 見利思義
④ 一石二鳥 ⑤ 自業自得

제 3영역 **讀 解**

71-76 다음 문장에서 밑줄 친 한자어(漢字語)의 음(音)은 무엇입니까?

71 저 가수는 <u>歌唱</u>력이 뛰어나다.
① 창조 ② 모창 ③ 집중 ④ 친화 ⑤ 가창

72 저 상점의 물건들은 품질이 <u>良好</u>하다.
① 우수 ② 적당 ③ 상당 ④ 양호 ⑤ 불량

73 이러한 사고의 재발 <u>防止</u>을(를) 약속해 주십시오.
① 방지 ② 금지 ③ 저지 ④ 방법 ⑤ 처방

74 이 연극의 등장 인물로는 <u>神仙</u>, 나뭇꾼, 선녀 등이 있다.
① 임금 ② 신하 ③ 귀신 ④ 신선 ⑤ 신령

75 <u>勇氣</u> 있는 사람만이 사랑을 쟁취할 수 있다.
① 의기 ② 신용 ③ 용기 ④ 신념 ⑤ 의거

76 냉장고에 더 이상 남은 飮食이 없다.
　① 음식　② 반찬　③ 식량　④ 부식　⑤ 주식

77-82 다음 문장에서 밑줄 친 한자어(漢字語)의 뜻풀이로 적절한 것은 어느 것입니까?

77 여러분 개인의 權益을 보호하기 위해 최선을 다 하겠습니다.
　① 재산을 증대 시킴
　② 놓치지 않고 꽉 잡음
　③ 권리와 그에 따르는 이익
　④ 사회적으로 주어지는 의무
　⑤ 돈이나 물건 따위를 받음

78 우리 국민의 평균 勞動시간이 점차 줄어들고 있다고 합니다.
　① 노력을 지나치게 기울임
　② 재료를 써서 물건을 만듦
　③ 양이나 수치가 급격하게 줄어듦
　④ 유용한 곳에 쓰기 위해 자신의 몸 속에 에너지를 충분히 모아 둠
　⑤ 생활에 필요한 물자를 얻기 위해 육체적·정신적 노력을 들이는 행위

79 정해진 계좌에 送金하신 뒤에 다시 연락해 주세요.
　① 금을 판매함　　② 돈을 모아 둠
　③ 살아갈 방도　　④ 돈이 갑자기 생김
　⑤ 돈을 부쳐보냄

80 학교까지 往復 한 시간이 걸립니다.
　① 갔다가 돌아옴
　② 법을 지키지 않는 행위
　③ 남에게 덧붙어서 사는 일
　④ 남을 지배하고 억누르려는 마음
　⑤ 어떤 이익을 주장할 수 있는 법률상의 조건

81 올 해 수출 실적은 2,000년 이후 사상 最高를 기록했다.
　① 가장 높음

　② 비밀이 새어 나감
　③ 정보를 서로 주고받음
　④ 부드럽고 무르며 연한 성질
　⑤ 여러 사람이 협력하여 일을 함

82 언제쯤이면 宇宙여행이 가능해지겠습니까?
　① 눈여겨 봄
　② 일을 마침
　③ 살고 있는 곳
　④ 어떤 일에 주장이 되어 행동함
　⑤ 무한한 시간과 만물을 포함하고 있는 끝없는 공간의 총체

83-85 다음 문장에서 빈칸에 들어갈 가장 적절한 한자어(漢字語)는 어느 것입니까?

83 시위대가 □□(으)로 진출하는 것을 막아 주십시오.
　① 角度　② 病室　③ 家口　④ 街頭　⑤ 記入

84 소화제를 □□ 섭취하는 것은 좋지 않습니다.
　① 多量　② 定量　③ 多數　④ 定數　⑤ 否定

85 철수는 오늘부터 우리 부서에서 □□하게 되었다.
　① 訪問　② 勤務　③ 休學　④ 課業　⑤ 取得

86-88 다음 문장에서 밑줄 친 한자어(漢字語)의 한자표기(漢字表記)가 바르지 않은 것은 어느 것입니까?

86 ①先生의 ②死後에 ③國加에서 그의 ④夫人과 ⑤家族을 돌봐주었다.

87 ①金年부터 ②卒業式은 ③學校 ④運動장에서 ⑤擧行 하기로 하였습니다.

88 선생님의 ①證明을 잘 듣고 ②課題와 ③復習을 ④自臣이 알아서 ⑤每日하도록 하세요.

89-91 다음 문장에서 밑줄 친 단어(單語)를 한자(漢字)로 바르게 쓴 것은 어느 것입니까?

89 여러분들이 <u>자율</u>적으로 주변을 정리해 주십시오.
① 者性　② 自律　③ 者律　④ 自性　⑤ 自動

90 저 사람은 뛰어난 <u>실력</u>을 가졌다.
① 失歷　② 實力　③ 失力　④ 實歷　⑤ 室力

91 일의 <u>형세</u>를 잘 보고 판단하시기 바랍니다.
① 現勢　② 現世　③ 形勢　④ 形世　⑤ 兄勢

92-94 다음 문장에서 밑줄 친 단어(單語)나 어구(語句)의 뜻을 가장 잘 나타낸 한자(漢字) 또는 한자어(漢字語)는 어느 것입니까?

92 어제의 회의에서는 세 가지 안건을 모두 그 자리에서 처리하지 않고 나중으로 <u>미루어 두었다</u>.
① 在席　② 後日　③ 處理　④ 保留　⑤ 飛行

93 그 연극은 무대장치와 등장인물들이 <u>서로 잘 어울린다</u>.
① 調和　② 相好　③ 朝會　④ 神用　⑤ 合同

94 이 분야에는 <u>새로이 등장한</u> 세력들이 적극적으로 참여합니다.
① 市長　② 節電　③ 新進　④ 皇帝　⑤ 改善

95 ㉠'분교'의 한자 표기가 바른 것은?
① 合校　② 合交　③ 分校　④ 分交　⑤ 分敎

96 ㉡'시골'의 뜻을 가진 것은?
① 形　② 鄕　③ 向　④ 香　⑤ 番

97 ㉢'주'와 ㉣'야'의 한자 표기를 바르게 짝지은 것은?
① 走 – 弱　② 晝 – 夜　③ 畫 – 弱
④ 走 – 夜　⑤ 走 – 野

98 ⓐ'교육'과 ⓑ'교실'에 공통으로 쓰이는 '교'의 한자 표기가 바른 것은?
① 究　② 校　③ 考　④ 敎　⑤ 交

99 ㉤'最近'의 독음이 바른 것은?
① 원근　② 최신　③ 최근　④ 부근　⑤ 최초

100 ㉥'동창생'의 한자 표기가 바른 것은?
① 東窓生　② 東唱生　③ 同窓生
④ 同唱生　⑤ 同昌生

95-100 다음 글을 읽고 물음에 답하시오.

> 박선생님은 유독 ㉠<u>분교</u> 근무를 선택한다. "저도 강원도 산골 출신이지요. 그런 까닭인지 ㉡<u>시골</u> 학교에 대한 애착이 남다른 것 같아요." 그래서인지 13년 교직 생활 중 절반을 분교에서만 아이들을 가르쳤다.
> 10년 전 처음 농촌 학교에 부임하면서 선생님이 정성을 기울인 것은 정보화 교육이었다. 한 기업의 후원을 받아 ㉢<u>주</u>간에는 아이들을 위한 무료 컴퓨터 ⓐ<u>교육</u>을 실시했고, ㉣<u>야</u>간에는 지역 주민들을 위한 컴퓨터 ⓑ<u>교실</u>을 열었다. ㉤<u>最近</u>에는 이 학교 ㉥<u>동창생</u>들이 모여서 컴퓨터 봉사 모임을 만들기까지 했다고 한다.

모의고사 02 | 지금까지 배운 내용을 문제로 풀어보아요

제1영역　　漢　字

01-02 다음 한자(漢字)의 부수(部首)는 무엇입니까?
01 校 : ①人　②交　③六　④八　⑤木
02 動 : ①重　②千　③里　④力　⑤十

03-04 다음 한자(漢字)의 획수(劃數)는 모두 몇 획입니까?
03 四 : ①4　②5　③6　④7　⑤8
04 可 : ①3　②4　③5　④6　⑤7

05-06 다음 필순(筆順)에 대한 설명에 가장 알맞은 한자(漢字)는 어느 것입니까?
05 왼쪽에서 오른쪽으로 쓴다.
　①力　②言　③完　④川　⑤犬
06 좌우의 모양이 같을 때에는 가운데를 먼저 쓴다.
　①水　②木　③大　④女　⑤己

07-08 다음 한자(漢字)와 그 조자(造字)의 방식이 같은 한자는 어느 것입니까?

> 예 한자 '日'은 그 조자(造字)의 방식이 구체적인 사물의 모습을 본떠서 만든 상형자(象形字)이다. 이와 비슷한 한자로는 '山'이 있다.

07 見 : ①夕　②大　③耳　④獨　⑤敬
08 上 : ①角　②客　③目　④公　⑤本

09-14 다음 한자(漢字)의 음(音)은 무엇입니까?
09 京 : ①취　②경　③흠　④각　⑤고
10 備 : ①비　②간　③양　④고　⑤배
11 始 : ①백　②수　③혈　④시　⑤소
12 充 : ①충　②윤　③류　④실　⑤주
13 訓 : ①지　②천　③식　④소　⑤훈
14 黃 : ①토　②황　③상　④구　⑤앙

15-19 다음의 음(音)을 가진 한자는 어느 것입니까?
15 한 : ①太　②漢　③湖　④研　⑤單
16 억 : ①業　②邑　③漁　④億　⑤良
17 암 : ①暗　②音　③案　④仁　⑤消
18 주 : ①由　②安　③宙　④油　⑤位
19 관 : ①列　②取　③淸　④官　⑤課

20-24 다음 한자(漢字)와 음(音)이 같은 한자는 어느 것입니까?
20 仕 : ①示　②浴　③榮　④是　⑤寺
21 會 : ①回　②增　③展　④的　⑤集
22 早 : ①市　②祖　③限　④次　⑤爭
23 引 : ①逆　②黑　③雪　④認　⑤藝
24 新 : ①飮　②元　③如　④臣　⑤夜

25-30 다음 한자(漢字)의 뜻은 무엇입니까?
25 慶 : ①일하다　②즐기다　③농사　④슬프다　⑤경사
26 最 : ①취하다　②말하다　③젊다　④가장　⑤늦다
27 屋 : ①집　②이르다　③빠르다　④화살　⑤다다르다
28 考 : ①치다　②막다　③생각하다　④아끼다　⑤섞이다

29 陽 : ① 볕　② 바꾸다　③ 그늘　④ 응하다　⑤ 마당
30 靑 : ① 푸르다　② 채소　③ 살다　④ 개다　⑤ 맑다

31-35 다음의 뜻을 가진 한자(漢字)는 어느 것입니까?

31 이　　: ① 致　② 表　③ 治　④ 元　⑤ 齒
32 어제　: ① 夕　② 古　③ 送　④ 昨　⑤ 歲
33 낮　　: ① 午　② 南　③ 景　④ 光　⑤ 計
34 부르다: ① 唱　② 必　③ 移　④ 頭　⑤ 番
35 벗　　: ① 季　② 談　③ 用　④ 友　⑤ 單

36-40 다음 한자(漢字)와 뜻이 비슷한 한자는 어느 것입니까?

36 卒 : ① 現　② 作　③ 終　④ 技　⑤ 念
37 加 : ① 問　② 來　③ 文　④ 尋　⑤ 益
38 衆 : ① 等　② 然　③ 長　④ 助　⑤ 造
39 水 : ① 橋　② 順　③ 太　④ 初　⑤ 河
40 是 : ① 章　② 眞　③ 義　④ 授　⑤ 習

제2영역　語 彙

41-43 다음 한자어(漢字語)와 발음(發音)이 같은 한자어는 어느 것입니까?

41 冬至 : ① 藥指　② 間紙　③ 米質　④ 理由　⑤ 同志
42 力士 : ① 力作　② 歷史　③ 恩師　④ 進士　⑤ 根本
43 病死 : ① 道士　② 自殺　③ 兵事　④ 無事　⑤ 別世

44-51 다음 단어들의 '□'에 공통으로 들어갈 알맞은 한자(漢字)는 어느 것입니까?

44 男□, □利, □安 :
① 女　② 有　③ 便　④ 平　⑤ 貴

45 同□, □情, 好□ :
① 席　② 族　③ 列　④ 落　⑤ 感

46 再□, □造, □物 :
① 木　② 建　③ 魚　④ 修　⑤ 冷

47 □助, □出, □命 :
① 兩　② 相　③ 運　④ 家　⑤ 救

48 尊□, 品□, □重 :
① 對　② 性　③ 質　④ 貴　⑤ 都

49 才□, □力, 萬□ :
① 天　② 英　③ 能　④ 一　⑤ 君

50 回□, □禮, 正□ :
① 答　② 信　③ 敬　④ 視　⑤ 星

51 □用, □打, 年□ :
① 登　② 使　③ 代　④ 次　⑤ 稅

52-55 다음 한자어(漢字語)와 뜻이 반대(反對)이거나 상대(相對)되는 한자어는 어느 것입니까?

52 內容 : ① 內面　② 形式　③ 美容　④ 形體　⑤ 兩分
53 可決 : ① 對決　② 解決　③ 終決　④ 先決　⑤ 否決
54 希望 : ① 責望　② 絶望　③ 志望　④ 野望　⑤ 所望
55 保守 : ① 留保　② 固守　③ 退步　④ 進步　⑤ 死守

56-60 다음 성어(成語)에서 '□'에 들어갈 알맞은 한자(漢字)는 어느 것입니까?

56 先公後□ : ① 正　② 事　③ 政　④ 私　⑤ 立
57 □故知新 : ① 用　② 往　③ 容　④ 論　⑤ 溫
58 □明正大 : ① 公　② 母　③ 丹　④ 食　⑤ 失
59 各人各□ : ① 成　② 亡　③ 色　④ 仕　⑤ 止
60 大明□地 : ① 吉　② 天　③ 達　④ 例　⑤ 夫

61-65 다음 성어(成語)의 뜻풀이로 적절한 것은 어느 것입니까?

61 聞一知十
① 아는 것이 많다.
② 들은 것이 많다.
③ 매우 총명하다.
④ 주의력이 산만하다.
⑤ 태도가 바르다.

62 門前成市
① 찾아오는 사람이 많다.
② 찾아오는 사람을 거절하다.
③ 집 근처에서 장사를 하다.
④ 집 근처에 편의 시설이 있다.
⑤ 집 앞에 시장이 있다.

63 九死一生
① 엎치락뒤치락하다.
② 엎친 데 덮치다.
③ 부질없이 거듭하다.
④ 같은 값이면 다홍치마이다.
⑤ 죽을 고비를 여러 번 넘기고 살아나다.

64 起死回生
① 화를 이기지 못하다.
② 의욕이 사라지다.
③ 놀이에 푹 빠지다.
④ 죽을 뻔하다 도로 살아나다.
⑤ 열심히 공부하다.

65 靑山流水
① 거침없이 넓고 큰 기개.
② 겉과 속이 다름.
③ 막힘없이 말을 잘하다.
④ 두 편이 서로 같음.
⑤ 분하고 원통한 마음을 품다.

66-70 다음의 뜻을 가장 잘 나타낸 성어(成語)는 어느 것입니까?

66 온갖 일을 다 겪다.
① 山戰水戰 ② 富貴在天 ③ 坐不安席
④ 多多益善 ⑤ 好衣好食

67 동작이 재빠르다.
① 九牛一毛 ② 難兄難弟 ③ 電光石火
④ 一擧兩得 ⑤ 形形色色

68 여러 가지 일도 많고 어려움이나 탈도 많음.
① 右往左往 ② 多事多難 ③ 多才多能
④ 三人成虎 ⑤ 男女有別

69 남의 말을 대충 들음
① 無所不爲 ② 非一非再 ③ 四面春風
④ 馬耳東風 ⑤ 論功行賞

70 거침없이 자기 마음대로 할 수 있음.
① 人山人海 ② 月下老人 ③ 一口二言
④ 十中八九 ⑤ 自由自在

제 3영역　讀 解

71-76 다음 문장에서 밑줄 친 한자어(漢字語)의 음(音)은 무엇입니까?

71 서구화된 음식 습관과 운동 부족 등으로 초등학생 비만율이 10년만에 4배 가까이 增加한 것으로 나타났다.
① 배가 ② 증가 ③ 누가 ④ 첨가 ⑤ 경과

72 농구는 공격과 수비의 전환이 빠르게 진행되는 競技이다.
① 운동 ② 구기 ③ 기술 ④ 경기 ⑤ 종목

73 한복에서 두드러지는 것은 부드럽고 우아한 曲線의 미이다.
① 직선 ② 전아 ③ 축적 ④ 유종 ⑤ 곡선

74 망망대해에서 15일 동안이나 표류하다 드디어 저 멀리 陸地의 한 자락을 보게 되었다.
① 토지 ② 능지 ③ 육지 ④ 국지 ⑤ 행지

75 勤勉과 성실이 우리 집의 가훈이다.
① 은근 ② 근면 ③ 노력 ④ 근검 ⑤ 성실

76 나의 꿈은 국제적인 園藝 사업가가 되는 것이다.
① 원예 ② 연예 ③ 도예 ④ 곡예 ⑤ 수예

77-82 다음 문장에서 밑줄 친 한자어(漢字語)의 뜻풀이로 적절한 것은 어느 것입니까?

77 내일은 바람이 多少 강하게 불겠습니다.

① 매우 ② 조금 ③ 다시 ④ 아직 ⑤ 많이

78 그는 <u>木石</u>같아서 내가 아무리 애원해도 거들떠 보지도 않았다.
① 마음이 약함
② 마음이 단단함
③ 의지가 굳음
④ 뻔뻔스러움
⑤ 감정이 없음

79 그는 <u>畵雲</u>의 꿈을 안고 유학을 떠났다.
① 헛됨 ② 절망 ③ 출세 ④ 알참 ⑤ 원망

80 결혼은 남자와 여자의 <u>結合</u>이다.
① 막연함 ② 소원함 ③ 도와줌
④ 잘 통함 ⑤ 합쳐짐

81 다음 주에 <u>冬季</u> 올림픽이 열린다.
① 봄철 ② 겨울철 ③ 가을철
④ 여름철 ⑤ 아주 작음

82 기차가 <u>線路</u>를 이탈했다.
① 궤도 ② 지름길 ③ 곧은 선
④ 굽은 선 ⑤ 다니는 길

83-85 다음 문장에서 빈칸에 들어갈 가장 적절한 한자어(漢字語)는 어느 것입니까?

83 체육 시간에 학생들이 운동장에 □□하였다.
① 收集 ② 合力 ③ 同居 ④ 集合 ⑤ 先頭

84 가진 것을 나눌수록 즐겁고 □□해집니다.
① 平和 ② 幸福 ③ 快樂 ④ 希望 ⑤ 野望

85 민주 □□에서는 국가의 중요 정책을 결정할 때에 항상 국민의 요구와 의견을 존중한다.
① 道德 ② 家庭 ③ 政治 ④ 法庭 ⑤ 事業

86-88 다음 문장에서 밑줄 친 한자어(漢字語)의 한자 표기(漢字表記)가 바르지 않은 것은 어느 것입니까?

86 민요는 ① <u>民族</u>의 노래요, ② <u>大衆</u>의 노래이며, 우리의 ③ <u>所重</u>한 ④ <u>傳統</u> ⑤ <u>文花</u> 유산이다.

87 기름진 ① <u>音食</u>과 당분이 많은 ② <u>食品</u>은 ③ <u>熱量</u>이 높고 ④ <u>過食</u>하기 쉽기 때문에 이런 음식은 ⑤ <u>可能</u>한 줄여야 한다.

88 그는 ① <u>物利學</u> ② <u>分野</u>에서 ③ <u>世界的</u>으로 ④ <u>有名</u>한 ⑤ <u>人物</u>이다.

89-91 다음 문장에서 밑줄 친 단어(單語)를 한자(漢字)로 바르게 쓴 것은 어느 것입니까?

89 나는 <u>숙제</u>를 거의 다 하였습니다.
① 課題 ② 話題 ③ 題材 ④ 宿題 ⑤ 主題

90 사람들의 입에서 입으로 <u>소문</u>이 널리 퍼졌습니다.
① 所聞 ② 小聞 ③ 所問 ④ 小問 ⑤ 所間

91 <u>동화</u>가 퍽 재미있었습니다.
① 動話 ② 童話 ③ 動和 ④ 童和 ⑤ 冬話

92-94 다음 문장에서 밑줄 친 단어(單語)나 어구(語句)의 뜻을 가장 잘 나타낸 한자(漢字) 또는 한자어(漢字語)는 어느 것입니까?

92 황희는 1363년 지금의 황해도 개성에서 <u>태어났 습니다</u>
① 生長 ② 生成 ③ 出生 ④ 出産 ⑤ 出身

93 토끼는 함정이 있는 곳에 <u>이르렀습니다</u>
① 來訪 ② 下達 ③ 到來 ④ 以來 ⑤ 到達

94 용돈을 <u>아껴 쓰면</u> 급한 일로 돈이 필요할 때 요긴하게 잘 쓸 수 있습니다.
① 愛用 ② 節約 ③ 要約 ④ 有用 ⑤ 利用

95-100 다음 글을 읽고 물음에 답하시오.

> 우리 나라는 ㉠사계절이 ㉡뚜렷합니다. 봄에는 새싹이 파릇파릇 돋아납니다. ㉢여름에는 푸른 잎이 시원한 그늘을 만들어 줍니다. 가을에는 울긋불긋한 단풍이 ㉣산을 뒤덮습니다. 그리고 ㉤겨울에는 ㉥하얀 눈이 앙상한 가지를 포근히 덮어 줍니다.

95 ㉠의 한자 표기가 바른 것은?
① 四季絕　② 仕季節　③ 四界絕
④ 四界節　⑤ 四季節

96 ㉡의 뜻을 가장 잘 나타낸 것은?
① 分明　② 分化　③ 淸明　④ 生動　⑤ 光明

97 ㉢의 뜻을 가진 것은?
① 冬　② 秋　③ 夏　④ 春　⑤ 年

98 ㉣의 한자 표기가 바른 것은?
① 天　② 地　③ 川　④ 山　⑤ 寺

99 ㉤의 뜻을 가진 것은?
① 冬　② 氷　③ 方　④ 永　⑤ 春

100 ㉥의 뜻을 가장 잘 나타낸 것은?
① 白眼　② 白雲　③ 白雪　④ 白雨　⑤ 白月

모의고사 03 | 지금까지 배운 내용을 문제로 풀어보아요

제 1영역 　　　　**漢　字**

01-02 다음 필순(筆順)에 대한 설명에 가장 알맞은 한자(漢字)는 어느 것입니까?

01 가로획과 세로획이 교차할 때는 가로획을 먼저 쓴다.
　① 去　② 回　③ 谷　④ 念　⑤ 永

02 받침은 나중에 쓴다.
　① 勝　② 賣　③ 起　④ 送　⑤ 飛

03-04 다음 한자(漢字)의 획수(劃數)는 모두 몇 획입니까?

03 讀 : ① 20　② 21　③ 22　④ 23　⑤ 24
04 務 : ① 7　② 8　③ 9　④ 10　⑤ 11

05-06 다음 한자(漢字)의 부수(部首)는 무엇입니까?

05 虎 : ① 虍　② 七　③ 厂　④ 虎　⑤ 儿
06 歷 : ① 厂　② 止　③ 禾　④ 歷　⑤ 一

07-08 다음 한자(漢字)와 그 조자(造字)의 방식이 같은 한자는 어느 것입니까?

> 〈보기〉日 : ① 山　② 休　③ 下　④ 江　⑤ 回
> 〈보기〉에 제시된 한자 '日(해의 모습을 본떠서 만들었음)' 처럼 구체적인 사물의 모습을 본떠서 만든 상형자(象形字)는 '山(산의 모습을 본떠서 만들었음)' 이다. 따라서 정답 ①을 골라 답란에 표기하면 된다.

07 利 : ① 鳥　② 上　③ 武　④ 村　⑤ 田
08 卵 : ① 林　② 末　③ 河　④ 犬　⑤ 雲

09-14 다음 한자(漢字)의 음(音)은 무엇입니까?

09 勢 : ① 열　② 집　③ 역　④ 숙　⑤ 세
10 增 : ① 증　② 승　③ 토　④ 회　⑤ 성
11 支 : ① 기　② 지　③ 상　④ 절　⑤ 시
12 務 : ① 궁　② 부　③ 무　④ 력　⑤ 순
13 藝 : ① 세　② 운　③ 극　④ 교　⑤ 예
14 施 : ① 타　② 방　③ 야　④ 시　⑤ 치

15-19 다음의 음(音)을 가진 한자는 어느 것입니까?

15 난 : ① 難　② 歌　③ 變　④ 若　⑤ 獨
16 근 : ① 個　② 觀　③ 親　④ 勤　⑤ 接
17 저 : ① 射　② 貯　③ 逆　④ 廣　⑤ 拜
18 혁 : ① 蟲　② 湖　③ 革　④ 追　⑤ 勞
19 욕 : ① 競　② 害　③ 浴　④ 選　⑤ 禁

20-24 다음 한자(漢字)와 음(音)이 같은 한자는 어느 것입니까?

20 製 : ① 醫　② 密　③ 判　④ 題　⑤ 患
21 皇 : ① 省　② 量　③ 章　④ 最　⑤ 黃
22 責 : ① 册　② 宙　③ 賞　④ 敗　⑤ 貨
23 限 : ① 根　② 干　③ 韓　④ 退　⑤ 都
24 兆 : ① 刀　② 造　③ 斗　④ 消　⑤ 紙

25-30 다음 한자(漢字)의 뜻은 무엇입니까?

25 皮 : ① 얼굴　② 가죽　③ 신발　④ 종이　⑤ 나무
26 授 : ① 주다　② 뺏다　③ 돌다　④ 집다　⑤ 치다
27 春 : ① 봄　② 여름　③ 가을　④ 겨울　⑤ 아침
28 禁 : ① 싸우다　② 놀라다　③ 금하다

④ 쪼개다   ⑤ 훔치다

29 店 : ① 학교   ② 서당   ③ 창고
         ④ 가게   ⑤ 점집

30 舞 : ① 다투다   ② 느끼다   ③ 말하다
         ④ 어질다   ⑤ 춤추다

31-35 다음의 뜻을 가진 한자(漢字)는 어느 것입니까?

31 혼인하다 : ①新 ②姓 ③婦 ④好 ⑤婚
32 굳세다   : ①改 ②讀 ③强 ④賣 ⑤溫
33 수컷   : ①屋 ②雄 ③權 ④硏 ⑤將
34 쌀   : ①米 ②氷 ③味 ④卵 ⑤貝
35 차다   : ①波 ②河 ③洞 ④冷 ⑤洗

36-40 다음 한자(漢字)와 뜻이 비슷한 한자는 어느 것입니까?

36 望 : ①連 ②貴 ③願 ④短 ⑤列
37 路 : ①罪 ②道 ③丹 ④救 ⑤卒
38 起 : ①助 ②易 ③然 ④最 ⑤興
39 協 : ①和 ②識 ③號 ④祝 ⑤唱
40 察 : ①飮 ②榮 ③防 ④省 ⑤爲

제 2영역　語　彙

41-43 다음 한자어(漢字語)와 발음(發音)이 같은 한자어는 어느 것입니까?

41 詩歌 : ①是非 ②短期 ③念頭 ④市街 ⑤變數
42 防禁 : ①方今 ②運送 ③意識 ④宇宙 ⑤敗走
43 新鮮 : ①獨善 ②神仙 ③姓氏 ④期間 ⑤勞使

44-51 다음 단어들의 '□'에 공통으로 들어갈 알맞은 한자(漢字)는 어느 것입니까?

44 前□, □半, 晝□ :
　①權 ②骨 ③夜 ④爲 ⑤進

45 □官, 女□, 歷□ :
　①變 ②人 ③經 ④可 ⑤史

46 □中, □實, 目□ :
　①的 ②命 ③得 ④豆 ⑤市

47 □歲, □業, 兵□ :
　①士 ②卒 ③句 ④夜 ⑤丹

48 水□, □蟲, 殺□ :
　①虎 ②路 ③軍 ④害 ⑤春

49 □理, 反□, □語 :
　①表 ②論 ③處 ④目 ⑤英

50 文□, □骨, 强□ :
　①官 ②若 ③弱 ④科 ⑤郡

51 長□, □期, □身 :
　①訪 ②硏 ③增 ④窓 ⑤短

52-55 다음 한자어(漢字語)와 뜻이 반대(反對)이거나 상대(相對)되는 한자어는 어느 것입니까?

52 改良 : ①在來 ②江河 ③存亡 ④善意 ⑤不幸
53 發達 : ①成長 ②來歷 ③協助 ④退步 ⑤列强
54 獨白 : ①漁夫 ②對話 ③美食 ④罪目 ⑤告白
55 容易 : ①視覺 ②逆順 ③難解 ④間接 ⑤勝戰

56-60 다음 성어(成語)에서 '□'에 들어갈 알맞은 한자(漢字)는 어느 것입니까?

56 見利思□ : ①義 ②功 ③仁 ④信 ⑤位
57 古□今來 : ①前 ②往 ③寺 ④久 ⑤着
58 九牛一□ : ①犬 ②蟲 ③羊 ④角 ⑤毛
59 多多益□ : ①書 ②線 ③善 ④設 ⑤最
60 □人成虎 : ①三 ②四 ③五 ④六 ⑤七

61-65 다음 성어(成語)의 뜻풀이로 적절한 것은 어느 것입니까?

61 見物生心
① 싼 값에 물건을 삼
② 물건을 싫어하는 마음
③ 사물과 사람의 마음은 다름
④ 물건을 여러 사람들이 사려고 함
⑤ 물건을 보면 가지고 싶은 욕심이 생김

62 敬天勤民
① 하늘은 스스로 돕는 자를 도움
② 하늘이 두려워 백성들에게 잘 대해 줌
③ 하늘을 공경하고 백성을 위해 부지런히 일함
④ 한 하늘 아래 함께 살아갈 수 없는 원수 사이
⑤ 자신의 할 일을 다 해 놓고 하늘의 명을 기다림

63 難兄難弟
① 우열을 가리기 어려움
② 형제끼리 몹시 싸움
③ 형이 동생을 이김
④ 동생이 형을 이김
⑤ 가까운 동족끼리 서로 싸움

64 不立文字
① 글자를 모름
② 글자가 발명되지 않은 시대
③ 마음과 마음으로 서로 통함
④ 말을 가지고 서로 의사소통을 함
⑤ 윗사람이 아랫사람에게 글을 써서 명령함

65 安分知足
① 근심이 많음
② 가난하게 살아감
③ 공평하게 나누어 가짐
④ 자신의 분수를 지키며 만족할 줄 앎
⑤ 눈은 높으나 재주가 그것에 미치지 못함

66-70 다음의 뜻을 가장 잘 나타낸 성어(成語)는 어느 것입니까?

66 막기 어려울 정도로 여러 사람들이 마구 지껄임
① 永久不變 ② 富貴在天 ③ 月下氷人
④ 身土不二 ⑤ 衆口難防

67 묻지 않아도 알 수 있음
① 一擧兩得 ② 一片丹心 ③ 說往說來
④ 不問可知 ⑤ 自業自得

68 어떤 분야의 일에 대해서 전혀 모름
① 門外漢 ② 無所不知 ③ 進退兩難
④ 一日三省 ⑤ 門前成市

69 아무리 가르쳐 주어도 알아듣지 못함
① 骨肉相爭 ② 樂山樂水 ③ 牛耳讀經
④ 實事求是 ⑤ 敎外別傳

70 은혜를 잊지 않고 반드시 갚음
① 平地風波 ② 結草報恩 ③ 靑天白日
④ 山戰水戰 ⑤ 行雲流水

제 3영역 **讀 解**

71-76 다음 문장에서 밑줄 친 한자어(漢字語)의 음(音)은 무엇입니까?

71 그는 전란이 발생하자 호국의 <u>王城</u>이 되어 나라를 구했다.
① 간성 ② 주인 ③ 장성 ④ 인물 ⑤ 장군

72 그는 <u>權貴</u>한 집안의 자손답지 않게 겸손하다.
① 존귀 ② 건실 ③ 부귀 ④ 부유 ⑤ 권귀

73 정월 초하룻날, 부모님은 할아버지께 <u>歲拜</u>(을)를 올렸다.
① 인사 ② 헌찰 ③ 세배 ④ 문안 ⑤ 음식

74 헬리콥터는 좁은 면적에도 <u>着陸</u>할 수 있다.
① 비행 ② 착륙 ③ 출발 ④ 이륙 ⑤ 도착

75 아버지의 음악적 자질이 자식에게 <u>遺傳</u>되었다.
① 계승 ② 교육 ③ 전수 ④ 유전 ⑤ 전파

76 그의 진심이 무엇인지 <u>判別</u>할 수 없다.
① 구별 ② 판별 ③ 짐작 ④ 판단 ⑤ 추정

77-82 다음 문장에서 밑줄 친 한자어(漢字語)의 뜻풀이로 적절한 것은 어느 것입니까?

77 사치 풍조를 <u>根絕</u>하자.
① 완전히 없애 버림
② 적극적으로 도와 줌
③ 일정기간 동안만 없애 버림
④ 여러 사람들이 힘을 합쳐 막음
⑤ 양자가 합의하여 공평하게 나누어 가짐

78 오랜만에 <u>同窓</u>을 만났다.
① 같은 학교에서 공부한 사람
② 같은 과목을 좋아했던 사람
③ 같은 마을에서 살았던 사람
④ 같은 집에서 하숙했던 사람
⑤ 같은 회사에서 근무했던 사람

79 그는 올림픽에 처음 출전하여 우승하는 <u>快擧</u>를 이루었다.
① 빨리 이룬 행위
② 통쾌하고 장한 행위
③ 운이 좋아 이룬 행위
④ 노력의 대가로 이룬 행위
⑤ 생각지도 않았는데 얻은 행위

80 개인은 각자의 이익을 <u>追求</u>하기 마련이다.
① 기원함
② 남몰래 구함
③ 많이 축적해 둠
④ 남과 힘을 합쳐 구함
⑤ 목적을 이룰 때까지 뒤쫓아 가서 구함

81 그는 현지의 기후 상황을 본사로 <u>打電</u>했다.
① 번개가 내리침
② 사람을 보내 연락함
③ 편지로 연락함
④ 무선이나 전보를 침
⑤ 번개처럼 재빨리 연락함

82 김형사는 사건을 <u>早期</u>에 수습하였다.
① 아침 시간에
② 저녁 시간에
③ 늦은 시기에
④ 이른 시기에
⑤ 적절한 시기에

83-85 다음 문장에서 빈칸에 들어갈 가장 적절한 한자어(漢字語)는 어느 것입니까?

83 철수는 여러 번의 □□ 끝에 성공을 거두었다.
① 運動 ② 例示 ③ 失敗 ④ 公衆 ⑤ 湖水

84 그 회사는 신문에 일할 사람을 찾는 구인 □□를 냈다.
① 廣告 ② 開放 ③ 商品 ④ 飛行 ⑤ 勝利

85 발사 명령에 □□(은)는 방아쇠를 당겼다.
① 家屋 ② 最近 ③ 送舊 ④ 射手 ⑤ 視線

86-88 다음 문장에서 한자어(漢字語)의 한자표기(漢字表記)가 바르지 않은 것은 어느 것입니까?

86 ①科去나 지금이나 ②自然은 ③生活의 ④空間이면서 ⑤同時에 아름다움의 대상이다.

87 광해군 ①末年에 ②東大門 문루가 북서쪽으로 기울어졌다. 사람들은 ③變考의 징조라며 쑥덕거렸는데, ④果然 얼마 후 인조 ⑤反正이 일어났다.

88 ①國軍은 국가의 ②安全을 위해 ③存才하며 ④政治的으로는 ⑤中立性을 유지해야 한다.

89-91 다음 문장에서 밑줄 친 단어(單語)를 한자(漢字)로 바르게 쓴 것은 어느 것입니까?

89 남북 양측 대표들은 <u>구면</u>인 덕분에 비교적 자연스러운 분위기에서 회담을 시작하였다.

① 口面　② 舊勉　③ 久面　④ 舊面　⑤ 句面

90 건설회사는 아파트 분양가를 <u>산정</u>하였다.

① 算庭　② 産定　③ 算正　④ 産正　⑤ 算定

91 우리집을 <u>방문</u>한 사람은 뜻밖의 인물이었다.

① 放門　② 訪問　③ 放問　④ 訪聞　⑤ 放文

92-94 다음 문장에서 밑줄 친 단어(單語)나 어구(語句)의 뜻을 가장 잘 나타낸 한자(漢字) 또는 한자어(漢字語)는 어느 것입니까?

92 목이 쉰 그는 <u>높은 가락</u>의 노래를 부를 수 없었다.

① 高調　② 最高　③ 古祖　④ 樂曲　⑤ 協助

93 그녀는 가벼운 <u>눈인사</u>를 남기고 나를 지나갔다.

① 視力　② 人事　③ 目禮　④ 注目　⑤ 反目

94 경기장은 관중들의 열기로 <u>가득 차 있다</u>.

① 對備　② 滿期　③ 善處　④ 論理　⑤ 充滿

95-97 다음 글을 읽고 물음에 답하시오.

> 조선시대 ㉠<u>호구</u> 통계의 기초자료가 되는 호적은 국가 ㉡<u>차원</u>에서 신분제의 동요를 막고 양반층에 의한 지배체계를 확고히 하고자 하는 ㉢<u>의도</u>를 지닌 자료이다. 그러므로 호적에는 ㉣<u>개개인</u>의 직역이 등재되어 있었다. 따로 ㉤<u>신분</u>을 기록하지 않더라도 호적에 등재된 직역을 통해 그 사람의 신분을 확인할 수 있게 하였다. 예컨대, ㉥<u>평민</u>인 경우에는 군역을 기록하였는데, ㉦<u>보병</u>, 기병, 포보 등의 ㉧<u>예</u>가 그것이다.

95 ㉠ '호구' 의 '구' 와 같은 한자를 사용한 한자어는?

① 重九　② 究理　③ 救命　④ 句文　⑤ 口味

96 ㉡ '차원' 과 ㉢ '의도' 의 한자 표기를 바르게 짝지은 것은?

① 次元 - 意圖　② 次遠 - 議圖
③ 車元 - 醫圖　④ 車原 - 意度
⑤ 次願 - 意道

97 ㉣~㉧ 중에서 한자 표기가 바르지 않은 것은?

① ㉣個個人　② ㉤身分　③ ㉥平民
④ ㉦保兵　⑤ ㉧例

98-100 다음 글을 읽고 물음에 답하시오.

> ㉠<u>백성</u>을 사랑하는 ㉡<u>근본</u>은 씀씀이를 ㉢<u>절약</u>함에 있고, 씀씀이를 절약하는 근본은 ㉣<u>검소함</u>에 달려 있다. 검소한 뒤에야 청렴할 수 있고 청렴한 뒤에야 인자할 수 있으니 검소함은 백성을 다스림에 있어 가장 먼저 힘써야 할 바이다.

98 ㉠ '백성' 과 ㉡ '근본' 의 한자 표기를 바르게 짝지은 것은?

① 白姓 - 近本　② 白姓 - 根本
③ 百誠 - 觀本　④ 白成 - 結本
⑤ 白省 - 現本

99 ㉢ '절약' 의 '약' 과 같은 한자를 사용한 것은?

① 藥師　② 弱孫　③ 密約
④ 自若　⑤ 反逆

100 ㉣ '검소' 의 '소' 와 같은 한자를 사용한 것은?

① 取消　② 所望　③ 平素
④ 老少　⑤ 小子

memo

p26 연습문제 1

01 ①	02 ⑤	03 ①	04 ④	05 ⑤	06 ③	07 ①	08 ①	09 ①	10 ③
11 ⑤	12 ④	13 ②	14 ③	15 ⑤	16 ②	17 ④	18 ⑤	19 ①	20 ④
21 ③	22 ⑤	23 ③	24 ①	25 ⑤	26 ②	27 ①	28 ②	29 ④	30 ①
31 ③	32 ②	33 ④	34 ⑤	35 ④	36 ①	37 ②	38 ①	39 ②	40 ②
41 ①	42 ⑤	43 ③	44 ①	45 ③	46 ⑤	47 ②	48 ③	49 ③	50 ②

p32 연습문제 2

01 ③	02 ①	03 ⑤	04 ②	05 ②	06 ①	07 ②	08 ⑤	09 ⑤	10 ③
11 ②	12 ③	13 ⑤	14 ②	15 ②	16 ④	17 ①	18 ⑤	19 ①	20 ⑤
21 ④	22 ②	23 ②	24 ⑤	25 ③	26 ①	27 ⑤	28 ①	29 ③	30 ⑤
31 ⑤	32 ③	33 ④	34 ②	35 ③	36 ⑤	37 ①	38 ④	39 ④	40 ①
41 ②	42 ⑤	43 ②	44 ④	45 ①	46 ③	47 ⑤	48 ④	49 ②	50 ①

p38 연습문제 3

01 ②	02 ③	03 ②	04 ③	05 ④	06 ③	07 ⑤	08 ②	09 ④	10 ①
11 ②	12 ⑤	13 ①	14 ④	15 ②	16 ⑤	17 ①	18 ①	19 ②	20 ④
21 ②	22 ⑤	23 ②	24 ①	25 ②	26 ⑤	27 ④	28 ④	29 ④	30 ②
31 ①	32 ⑤	33 ③	34 ③	35 ④	36 ④	37 ⑤	38 ④	39 ④	40 ⑤
41 ③	42 ②	43 ①	44 ⑤	45 ③	46 ④	47 ②	48 ⑤	49 ④	50 ②

p44 연습문제 4

01 ⑤	02 ③	03 ①	04 ②	05 ④	06 ②	07 ③	08 ④	09 ③	10 ⑤
11 ④	12 ②	13 ③	14 ④	15 ⑤	16 ③	17 ①	18 ①	19 ①	20 ③
21 ⑤	22 ②	23 ④	24 ②	25 ①	26 ⑤	27 ①	28 ③	29 ④	30 ①
31 ④	32 ⑤	33 ①	34 ②	35 ⑤	36 ④	37 ③	38 ①	39 ④	40 ①
41 ③	42 ⑤	43 ②	44 ④	45 ②	46 ⑤	47 ③	48 ②	49 ⑤	50 ③

p50 연습문제 5

01 ⑤	02 ①	03 ③	04 ③	05 ③	06 ③	07 ⑤	08 ④	09 ④	10 ②
11 ⑤	12 ③	13 ③	14 ③	15 ③	16 ⑤	17 ①	18 ③	19 ④	20 ②
21 ③	22 ⑤	23 ③	24 ⑤	25 ④	26 ①	27 ⑤	28 ②	29 ④	30 ⑤
31 ⑤	32 ①	33 ②	34 ③	35 ②	36 ④	37 ③	38 ⑤	39 ③	40 ①
41 ⑤	42 ③	43 ④	44 ③	45 ②	46 ①	47 ⑤	48 ④	49 ②	50 ①

p56 연습문제 6

01 ④	02 ②	03 ⑤	04 ③	05 ③	06 ③	07 ②	08 ⑤	09 ②	10 ④
11 ①	12 ②	13 ⑤	14 ②	15 ③	16 ①	17 ⑤	18 ③	19 ①	20 ③
21 ⑤	22 ③	23 ⑤	24 ③	25 ④	26 ①	27 ②	28 ⑤	29 ③	30 ③
31 ②	32 ④	33 ⑤	34 ②	35 ①	36 ④	37 ⑤	38 ①	39 ③	40 ①
41 ⑤	42 ④	43 ③	44 ⑤	45 ②	46 ④	47 ⑤	48 ①	49 ④	50 ③

p62 연습문제 7

01 ③	02 ⑤	03 ③	04 ③	05 ③	06 ③	07 ⑤	08 ③	09 ⑤	10 ③
11 ②	12 ①	13 ③	14 ⑤	15 ①	16 ②	17 ①	18 ⑤	19 ③	20 ④
21 ①	22 ②	23 ⑤	24 ④	25 ⑤	26 ⑤	27 ③	28 ③	29 ③	30 ⑤
31 ②	32 ③	33 ④	34 ②	35 ③	36 ⑤	37 ②	38 ④	39 ⑤	40 ①
41 ③	42 ④	43 ⑤	44 ④	45 ②	46 ③	47 ⑤	48 ②	49 ④	50 ①

p68 연습문제 8

01 ③	02 ⑤	03 ②	04 ②	05 ③	06 ③	07 ③	08 ③	09 ②	10 ④
11 ⑤	12 ③	13 ①	14 ③	15 ②	16 ⑤	17 ④	18 ①	19 ④	20 ①
21 ⑤	22 ②	23 ⑤	24 ⑤	25 ④	26 ④	27 ③	28 ⑤	29 ④	30 ①
31 ②	32 ④	33 ⑤	34 ④	35 ③	36 ⑤	37 ③	38 ④	39 ②	40 ③
41 ⑤	42 ④	43 ②	44 ④	45 ①	46 ③	47 ⑤	48 ①	49 ③	50 ④

p74 연습문제 9

01 ⑤	02 ①	03 ②	04 ④	05 ③	06 ③	07 ④	08 ②	09 ⑤	10 ③
11 ①	12 ④	13 ⑤	14 ④	15 ①	16 ②	17 ⑤	18 ③	19 ②	20 ⑤
21 ①	22 ③	23 ①	24 ⑤	25 ③	26 ①	27 ⑤	28 ④	29 ③	30 ①
31 ⑤	32 ②	33 ④	34 ②	35 ③	36 ④	37 ③	38 ④	39 ⑤	40 ④
41 ①	42 ②	43 ⑤	44 ②	45 ④	46 ①	47 ③	48 ②	49 ⑤	50 ②

p80 연습문제 10

01 ③	02 ①	03 ⑤	04 ④	05 ②	06 ③	07 ③	08 ①	09 ⑤	10 ③
11 ①	12 ③	13 ⑤	14 ④	15 ②	16 ③	17 ⑤	18 ④	19 ④	20 ②
21 ②	22 ⑤	23 ①	24 ③	25 ③	26 ②	27 ⑤	28 ①	29 ④	30 ②
31 ①	32 ⑤	33 ④	34 ③	35 ①	36 ②	37 ⑤	38 ④	39 ⑤	40 ②
41 ①	42 ③	43 ⑤	44 ④	45 ①	46 ③	47 ②	48 ⑤	49 ③	50 ④

p104 모의고사 1

001 ③	002 ⑤	003 ③	004 ③	005 ④	006 ①	007 ⑤	008 ①	009 ⑤	010 ③
011 ⑤	012 ③	013 ④	014 ③	015 ②	016 ①	017 ④	018 ⑤	019 ②	020 ①
021 ⑤	022 ②	023 ①	024 ④	025 ③	026 ③	027 ⑤	028 ④	029 ②	030 ②
031 ②	032 ④	033 ②	034 ⑤	035 ⑤	036 ③	037 ③	038 ④	039 ⑤	040 ④
041 ③	042 ④	043 ②	044 ④	045 ⑤	046 ④	047 ③	048 ④	049 ③	050 ①
051 ②	052 ④	053 ②	054 ④	055 ③	056 ③	057 ①	058 ③	059 ②	060 ③
061 ②	062 ⑤	063 ④	064 ④	065 ⑤	066 ③	067 ②	068 ①	069 ⑤	070 ③
071 ⑤	072 ④	073 ①	074 ④	075 ②	076 ①	077 ③	078 ⑤	079 ③	080 ①
081 ①	082 ⑤	083 ④	084 ①	085 ②	086 ③	087 ①	088 ④	089 ②	090 ②
091 ③	092 ④	093 ①	094 ③	095 ③	096 ②	097 ②	098 ④	099 ③	100 ③

p109 모의고사 2

001 ⑤	002 ④	003 ②	004 ③	005 ④	006 ①	007 ⑤	008 ⑤	009 ②	010 ①
011 ④	012 ①	013 ⑤	014 ②	015 ②	016 ④	017 ①	018 ③	019 ②	020 ⑤
021 ①	022 ②	023 ④	024 ④	025 ⑤	026 ④	027 ①	028 ②	029 ②	030 ①
031 ⑤	032 ④	033 ①	034 ①	035 ③	036 ③	037 ②	038 ①	039 ⑤	040 ③
041 ⑤	042 ②	043 ③	044 ③	045 ⑤	046 ②	047 ②	048 ③	049 ③	050 ①
051 ③	052 ②	053 ⑤	054 ②	055 ④	056 ④	057 ③	058 ①	059 ③	060 ②
061 ③	062 ①	063 ②	064 ④	065 ③	066 ③	067 ②	068 ②	069 ④	070 ⑤
071 ②	072 ④	073 ⑤	074 ③	075 ②	076 ①	077 ②	078 ⑤	079 ③	080 ⑤
081 ②	082 ①	083 ④	084 ②	085 ③	086 ⑤	087 ①	088 ①	089 ④	090 ①
091 ②	092 ③	093 ⑤	094 ②	095 ⑤	096 ①	097 ③	098 ④	099 ①	100 ③

p114 모의고사 3

001 ①	002 ④	003 ③	004 ⑤	005 ①	006 ②	007 ③	008 ④	009 ⑤	010 ①
011 ②	012 ③	013 ⑤	014 ④	015 ①	016 ④	017 ④	018 ③	019 ③	020 ④
021 ⑤	022 ①	023 ③	024 ②	025 ②	026 ①	027 ①	028 ④	029 ④	030 ⑤
031 ⑤	032 ③	033 ②	034 ①	035 ④	036 ③	037 ②	038 ⑤	039 ①	040 ④
041 ④	042 ①	043 ②	044 ③	045 ③	046 ④	047 ②	048 ④	049 ②	050 ③
051 ⑤	052 ①	053 ④	054 ②	055 ③	056 ①	057 ②	058 ⑤	059 ③	060 ①
061 ⑤	062 ③	063 ①	064 ②	065 ④	066 ⑤	067 ④	068 ①	069 ③	070 ②
071 ①	072 ⑤	073 ②	074 ③	075 ③	076 ②	077 ①	078 ①	079 ③	080 ⑤
081 ④	082 ④	083 ③	084 ①	085 ④	086 ③	087 ④	088 ③	089 ④	090 ⑤
091 ②	092 ①	093 ③	094 ⑤	095 ⑤	096 ①	097 ④	098 ②	099 ③	100 ③

교육교재팀 저 | 8,500원

일사천리 상공회의소 한자시험 7급 기본서

상공회의소 한자시험 7급에 대비하기 위하여 7급 배정한자 300자를 쓰면서 외울 수 있도록 구성한 책이다. 각 한자의 훈과 음, 부수, 획수, 필순을 명기하고 한자의 이해를 돕는 뜻풀이를 정리해 두었다. 그리고 해당 한자를 사용한 한자어를 채우며 완성할 수 있도록 하였으며, 40자마다 연습문제를 삽입하여 앞에서 배운 것을 복습할 수 있도록 하였다. 앞부분에는 기초 이론 학습을, 뒷부분에는 모의고사문제를 실어, 이 책 한권으로도 7급 시험에 완벽하게 대비할 수 있도록 하였다.

교육교재팀 저 | 9,500원

일사천리 상공회의소 한자시험 6급 기본서

이 책은 상공회의소 한자시험 6급에 대비하기 위하여 6급 배정한자 450자를 쓰면서 외울 수 있도록 구성하였으며, 각 한자에 대한 훈·음, 부수, 획수, 필순을 명기하고, 한자의 이해를 돕는 뜻풀이를 정리해 두었다. 그리고 해당 한자를 사용한 한자어를 채우며 완성할 수 있도록 하였으며, 50자마다 연습문제를 삽입하여 앞에서 배운 것을 복습할 수 있도록 하였다. 앞에는 기초 이론 학습과 뒤에는 모의고사문제를 실어 이 책 한권으로도 6급 시험에 완벽하게 대비할 수 있도록 하였다.

강유경 저 | 21,000원

일사천리 상공회의소 한자시험 1급 기본서

이 책은 상공회의소 한자시험 1급에 대비하기 위한 책이다. 100자씩 학습할 때마다 총 정리를 할 수 있는 연습문제 32회와 모의고사 2회를 수록하였다.
이 책의 가장 큰 장점은 각 한자의 훈, 음은 물론 한자어를 이루는 다른 한자의 훈, 음까지 보여주어 자전이 필요하지 않다는 것이다. 앞에 나왔던 한자나 모르는 한자가 나왔을 경우 자전을 찾아야 하는 불편함을 해결하였다.

일사천리 상공회의소 한자시험 2급 기본서

이 책에는 4급~2급까지의 배정한자가 실어있다. 이 책의 가장 큰 장점은 각 한자의 훈, 음은 물론 한자어를 이루는 다른 한자의 훈, 음까지 보여주어 자전이 필요하지 않다는 것이다. 앞에 나왔던 한자나 모르는 한자가 나왔을 경우 자전을 찾아야 하는 불편함을 해결하여 상공회의소 급수 시험을 완벽하게 대비할 수 있다.

강유경 저 | 19,800원

일사천리 상공회의소 한자시험 3급 기본서

이 책은 각 급별로 한자를 분류하고, 출제 비중이 높은 영역을 유형별로 정리하여, 문제 유형에 걸맞은 학습 요소를 집중적으로 학습하도록 구성하였다. 또한 각 페이지마다 배운 한자를 외워서 써 볼 수 있도록 하였고, 배운 한자어로 문장을 완성하도록 하였으며, 24자 학습 후에는 실력을 점검할 수 있도록 연습문제를 배치하여 복습에 만전을 기하였다.
그리고 각 해당 한자의 훈·음은 물론 해당 한자의 학습을 돕기 위해 제시한 모든 한자어의 한자에도 훈·음을 보여주는 구성으로 사전 없이 이 책 한권으로 시험에 완벽하게 대비할 수 있도록 하였다.

강유경 저 | 18,000원

일사천리 상공회의소 한자시험 실전모의고사 3급

부록으로 한자의 기초 이론과 성실한 해설을 담은 해설집이 준비되어 있다.
상공회의소 한자 검정시험의 문제 유형을 그대로 적용하여 실전 연습이 가능하도록 하였으며, 부록으로 준비된 해설집에는 문제집에 사용된 모든 한자의 훈과 음을 표시하여 일일이 사전을 찾지 않아도 편하게 학습할 수 있도록 구성하였다.

강유경 저 | 12,000원